Die Autorin: Prof. Dr. Barbara Schott interessierte sich schon als Lehrling in der recht anonymen Atmosphäre eines Großunternehmens dafür, wie Stimmungen entstehen, wie wir angesichts unzähliger Anforderungen im Alltag mehr Freude und mehr Lebendigkeit in unser Leben bringen können. Nach dem volkswirtschaftlichen Diplom in Kiel fand sie während ihres Studiums der Betriebswirtschaft und insbesondere des Marketing an der Northwestern University (USA) erste Antworten im damals gerade entstandenen Neuro-Linguistischen Programmieren (NLP). Nach einer leitenden Tätigkeit in einem Management-Trainingsinstitut («Universitätsseminar der Wirtschaft») glückte ihr der Übergang von der Theorie zur Praxis. Als Vertriebsleiterin und Filialdirektorin einer großen Versicherungsgesellschaft setzte sie viele Jahre ihre Erfahrungen erfolgreich im Management um. Neugier auf die Ursachen des menschlichen Verhaltens führte sie immer wieder in Kurse und Ausbildungen der Verhaltenstherapie. Das Neuro-Linguistische Programmieren (NLP) trainierte sie bei den Gründern Grinder und Bandler und bei Reese in den USA, aber auch in Deutschland bei Dr. Gundl Kutschera. Als Professorin an der Fachhochschule Nürnberg entwickelt sie mit ihren Studenten des Schwerpunktes Marketing neue NLP-Konzepte für den Dienstleistungssektor und insbesondere für den Vertrieb. Sie ist Autorin mehrer Sachbücher und vieler Artikel zum Thema NLP und arbeitet als Beraterin und Trainerin für Management-Konzepte im Service in ihrem eigenen Trainings- und Beratungsinstitut NLP-Praxis in Nürnberg.

Barbara Schott

Andere Wege wagen

NLP – Das Psycho-Power-Programm

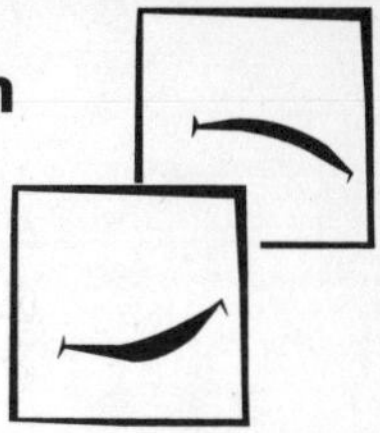

rororo

Rowohlt

Originalausgabe
Veröffentlicht im Rowohlt Taschenbuch Verlag GmbH,
Reinbek bei Hamburg, April 1994

Grafiken und Illustrationen: Walter Werner
Umschlaggestaltung: Susanne Heeder
Satz: Sabon PostScript Linotype Library, QuarkXPress 3.2.
Gesamtherstellung Clausen & Bosse, Leck
Printed in Germany
990-ISBN 3 499 19605 0

Inhalt

So funktioniert das Psycho-Power-Programm

Was hält uns eigentlich davon ab, den langweiligen Alltagstrott zu durchbrechen und neue Wege einzuschlagen? Warum kleben wir so am Gewohnten und Eingespielten – auch wenn uns das gar nicht immer gefällt? Es sieht aus, als ob es die Umstände sind, die uns in den eingefahrenen Gleisen halten: «Man kann ja nicht anders. Das geht doch nicht. Das klappt doch nie. Schuster, bleib bei deinem Leisten» – solche inneren Gespräche kennt jeder von uns, die uns beruhigen sollen und es doch nicht tun.
Daß wir nicht so einfach das Gewohnte hinter uns lassen können, daß uns Entscheidungen für neue Wege so schwerfallen, hat vor allem einen Grund: Wir treffen die meisten Entscheidungen unbewußt. Entschlußfreudigkeit und Entscheidungsmotivation sind intuitive Eigenschaften, die man in die Wiege gelegt bekommt oder hinter denen man ein Leben lang herläuft.
Die meisten Menschen glauben, ihre unbewußten Fähigkeiten nicht beeinflussen zu können. Das war bisher auch so. Eigenschaften wie Risikobereitschaft, Motivation und Wagemut sind nicht mehr schicksalsgegeben, sondern wir können sie mit unserem Verstand beinflussen. Wie man das gezielt tun kann, vermittelt eine psychologische Methode, mit der das Psycho-Power-Programm arbeitet. Sie heißt Neuro-Linguistisches-Pro-

grammieren, kurz NLP, und befaßt sich mit Erfolgstechniken. NLP geht davon aus, daß jeder Mensch im Grunde über die unbewußten Kräfte verfügt, die er oder sie zur Verwirklichung von Traumzielen benötigt. Wir können sie bisher nur nicht bewußt einsetzen. Wie Sie die von Ihnen persönlich angestrebten Veränderungen in die Tat umsetzen können, vermittelt Ihnen dieses kleine Büchlein in praktischen Schritten.

Ein Hauptanliegen von NLP ist es, Lösungen anzubieten, mit denen wir unsere Wünsche schneller umsetzen und unser Leben vergnüglicher, erfüllter und lebenswerter machen.

Die berüchtigten «Eigentlich müßte ich»-Sätze

Kennen Sie auch diese «Eigentlich müßte ich»-Sätze? «Eigentlich müßte ich mehr für meine Gesundheit tun,... mein Hobby wieder aufnehmen,... mehr Spaß in meine Ehe bringen,... mich weiterbilden...!» Als Außenstehender ist man, wenn man so was bei anderen hört, geneigt zu fragen: «Warum tun Sie es denn nicht?» Kennen Sie das Gefühl innerer Zerrissenheit, sich trotz besserer Einsicht nicht aufraffen zu können, das zu machen, was Sie **eigentlich** für sinnvoll halten? Sehr oft sprechen wir davon, daß wir uns einfach «nicht überwinden können». Haben Sie sich schon einmal folgende Fragen gestellt: Warum kann ich mich nicht überwinden? Was hindert mich daran, mich aufzuraffen? Was genau fesselt mich an meine alten Gewohnheiten?

Unsere Wünsche lassen sich nicht alle gleichzeitig unter einen Hut bringen! Wer wäre nicht gern mit all seinen Kräften beruflich im Einsatz, aber auch gleichzeitig ein guter Vater oder eine gute Mutter, ein geselliger Freund/Freundin und dabei noch gesund, entspannt, gebildet, humorvoll und fit? Während wir den einen Wunsch ausleben – z. B. ausspannen –, meldet sich der andere in Form des schlechten Gewissens. Ein «innerer Schweinehund» veranlaßt uns, sozusagen lieber nichts Neues zu unternehmen, während das schlechte Gewissen uns an unsere unerfüllten Wünsche und Vorhaben erinnert. Wie kommen wir aus dieser Tretmühle heraus? Dieses Buch gibt praktische Hilfen, anders zu denken, Alltägliches und Gewohntes neu zu bewerten, bestehende Ordnungen und gesicherte Werte aufzuheben und sich auf neue Wege zu wagen. Ziel ist es, langgehegte Wünsche in die Tat umzusetzen und ab und zu aus den eingefahrenen Gleisen auszubrechen.

Der Schlüssel dazu ist unser Gehirn. NLP ist wie ein Handbuch fürs Gehirn. Es ist bekannt, daß die Hirnhälften unterschiedliche Aufgaben haben. Während die rechte Gehirnhälfte intuitive, bildhafte, emotionale Eindrücke verarbeitet, ist die linke für rationale Denkprozesse zuständig. Im Berufsleben haben wir gelernt, vor allem unsere linke Gehirnhälfte arbeiten zu lassen. Ganzheitliches Denken können wir bewußt planen, indem wir trainieren, **beide** Gehirnhälften zu nutzen und einander ergänzen zu lassen; so fördern wir unsere Kreativität zielgerichtet. Das trainiert und ermöglicht es, Probleme schneller und gezielter zu lösen. Erinnern Sie sich an Einstein, der sagte, daß die Formulierung eines Problems oft wichtiger sei als seine Lösung? Wenn Sie sich jeden Tag wieder in Ihrem Beruf überwiegend langweilen, um danach abends vor dem Fernseher einzuschlafen, spätestens dann ist es sinnvoll, über die eigenen unerfüllten Wünsche nachzudenken.

Zu Anfang möchte ich Ihnen eine ermutigende Geschichte erzählen. Sie handelt von Ulla V., die nach zehn Berufsjahren als Lehrerin frustriert und erschöpft war. Sie hatte angefangen mit Lust auf die Lernbegierde der Schüler, Energie und Elan und sich voller Kraft ins Abenteuer Schule gestürzt. Im Laufe der Zeit war ihr Alltag zur langweiligen Routine geworden, Kraft zog Ulla nur noch aus ihrem Hobby, dem Tanzen. Innerlich wollte sie dem Schulalltag entkommen, aber kündigen ohne Alternative, wovon sollte sie leben? Ihre Sehnsucht, irgendwie das geliebte Hobby zum Beruf zu machen, hielt sie nachts wach. Der innere Druck, endlich neue Wege zu wagen, wurde immer stärker. Jedesmal, wenn sie in dieser Umbruchsphase an ihr Hobby dachte, stellte sich ein prickelndes Gefühl des Aufbruchs ein. Die Momente des Zweifels sah man von außen an ihren eingefallenen Schultern, denn dann malte sie sich ihre Zukunft in düster grauen Farben aus. Doch wenn Ulla sich zur Musik bewegte, sich ihrer Leidenschaft, dem Tanzen, hingeben konnte, wirkte sie gelassen und befreit. In diesen Momenten spürte sie ein warmes Strömen im ganzen Körper, und sie sah vor sich eine lichte Zukunft mit viel Tanz, Lachen und Spaß. Heute ist Ullas Zukunftsvision von damals Realität geworden. Und dazu braucht unser Unterbewußtsein manchmal nur eine freundliche Einladung, um einen Zustand innerer Neugier auf neue Wege herzustellen.

Erfolgreich neue Wege zu wagen ist also nicht allein den Kinohelden vorbehalten. Wer kennt nicht die historischen Monumentalfilme wie *Exodus, Die Meuterei auf der Bounty* oder *Vom Winde verweht*? Mit gebannter Hingabe beobachten wir Menschen, die in unterschiedlichen Geschichten Wagemut zeigen und Risiken eingehen. Scarlett und all die anderen Leinwandhelden lassen sich auf Aufregungen und Abenteuer ein, wagen neue Wege, brechen zu neuen Ufern auf und kommen dort auch an. Haben Sie nicht auch schon einmal davon geträumt, etwas absolut Neues und Ungewöhnliches zu tun? Raus aus dem Alltag, der liebgewordenen Gewohnheit und der langweiligen Routine? In andere Rollen schlüpfen, sich neu definieren und für sich noch einmal ein außergewöhnliches Stück Lebensqualität erobern. Ist das nicht ein geheimer Gedanke, den auch Sie manchmal hegen?

Vielleicht verdrängen Sie solche Vorstellungen schnell, weil Sie es doch nur für eine Illusion halten, Wünsche erfüllt zu bekommen. Nur, wer sagt das? Da spricht gewiß die Lebenserfahrung unserer Elterngeneration, die uns Bescheidenheit und Maßhalten lehrte. Nur sind wir inzwischen erwachsen. Was hält uns eigenlich auf den eingetretenen Pfaden?

Am deutlichsten machen sich unsere unerfüllten Wünsche bemerkbar, wenn etwas schiefgeht. Ein Beispiel: Karin S. ist richtig wütend, als der Computer wieder mal abstürzt. Ihr geht durch den Kopf: «Was tue ich eigentlich hier in diesem Büro, ich will doch im Grunde viel lieber in einer Bibliothek arbeiten!» Karin S. verdient recht gut und hat Angst, auf Gehalt verzichten zu müssen, wenn sie eine Umschulung für ihren Traumberuf Bibliothekarin macht, in dem sie auch noch weniger Geld verdienen würde als in ihrer jetzigen Stellung. Ängste halten Karin im eingefahrenen Trott fest.

Unbewußte Ängste lähmen oder treiben uns an

Der größte Feind von Aufbruch und Wagemut ist die Angst, Angst und noch mal Angst. Wir motivieren uns zum Ausharren im Gewohnten mit Angst vor dem Neuen, vor dem Unbekannten. Nur ein kleiner Teil in uns, vielleicht eine sehr leise Stimme, erinnert uns manchmal daran, daß wir auch ganz anders vorgehen können, daß wir uns auf Wünsche besinnen und Wege wagen können: Träume hier auf Erden leben, das heißt neue Wege wagen. Sicher bergen neue Wege ein Risiko, und Angst vor dem Neuen hat auch eine sehr gute und schützende Seite. Sie ist ein lebenswichtiger Instinkt, der uns alarmiert und Reaktionen wie Flucht und Anpassung auslöst. Angst kann auch deshalb positiv sein, weil wir mit ihrer Hilfe unsere Erfahrung erinnern können. Wir fassen nicht mehr auf die Herdplatte, weil wir als Kinder gelernt haben, daß man sich daran verbrennen kann. Wir haben Angst vor diesem Schmerz. Wir machen das Auto winterfest, weil wir zu Recht fürchten, mit eingefrorenem Kühler stehenzubleiben oder mit Sommerreifen auf schneebedeckter Fahrbahn ins Schleudern zu geraten. Wenn wir nicht Angst oder Furcht vor diesen negativen Erfahrungen hätten, würden wir die Erfahrungen ständig neu machen müssen.
Unser Körper reagiert auf die Ängste. Temperatur, Muskelspannung, Blutdruck und Zuckerspiegel steigen stark

an, unser Herz schlägt höher und wir geraten außer Atem. Das alles bewirkt der überhöhte Adrenalinausstoß in unserem Blut. Unser Stammhirn, der älteste Teil unseres Gehirns, bereitet uns in Momenten der Angst auf die Bewältigung schwieriger Situationen vor.

Positiv sorgt die Angst dafür, daß wir in wichtigen, neuen Situationen hoch konzentriert sind, um für die Anforderungen gewappnet zu sein. Doch wenn die Angst zu groß wird, bleiben wir in den Startlöchern sitzen, sind blockiert. Mit Angst umzugehen, lernen wir in frühester Kindheit von unseren Eltern. Wenn Eltern Ängste ihrer Kinder nicht ernst nehmen, sondern verniedlichen und bagatellisieren, dann erlernt ein Kind als Wahrnehmungsmuster, seine Ängste zu übersehen. Noch als Erwachsener wird es Ängste unterdrücken und ebenfalls bagatellisieren. Doch auch wenn man die Angst verdrängt, behält man ein ungutes Gefühl, wenn es darum geht, sich in eine angstmachende Situtation, also eine Situation, in der man nicht alles im Griff hat, zu begeben. Die Folge ist die Vermeidung von Risiken und das systematische Überhören der eigenen Wünsche.

Karin S. hatte ihre Berufswünsche lange überhört, doch schließlich wurden sie unüberhörbar. An ihrem Arbeitsplatz hatten sich die Dinge so entwickelt, wie sie es in ihren schlimmsten Träumen befürchtet hatte: Nach der Umstellung auf EDV machte ihr der Job noch weniger Spaß und sie saß verbissen vor diesem Gerät, das ihr irgendwie Angst einflößte. Ihr Wunsch, etwas zu tun, was sie schon immer wollte und ihr immer schon Spaß gemacht hatte, nämlich Bücher lesen, über Bücher sprechen, Bücher zu empfehlen und in einer Bibliothek zu arbeiten, wurde immer stärker.

Wie Gefühle neue Wege blockieren

Das Zusammenwirken von Unbewußtem und Bewußtem läßt sich am Modell des Eisbergs veranschaulichen. Bewußte Entscheidungen machen nur 20 Prozent unseres Verhaltens aus, sozusagen die Spitze des Eisbergs, die aus dem Wasser ragt. Die restlichen 80 Prozent bestehen aus unbewußten Gefühlen und Motivationen, die für uns im Regelfall unbemerkt, unter der Wasseroberfläche im verborgenen liegen. NLP ist eine Methode, die zum Ziel hat, die Spitze des Eisbergs, die 20 Prozent Ihres Bewußtseins in Einklang zu bringen mit den 80 Prozent unter Wasser, also mit Ihren unbewußten Ängsten und Sehnsüchten. Sie können lernen, Ihre Sehnsüchte realistisch zu mobilisieren und zugleich Ihren Ängsten gerecht zu werden. Das ergibt eine neue, kreative Mischung, die Ihnen wirklich Spaß machen und Ihr Leben verändern kann. Dabei will das Psycho-Power-Programm Sie begleiten und Hilfen bieten.

Zwei Arten von unbewußten Ängsten können uns hemmen. Sie werden von sich selbst wissen, daß es sowohl negative als auch positive Gefühle sind, die uns in den eingefahrenen Situationen festhalten und verhindern, daß wir neue Wege wagen. Auf der negativen Gefühlsseite reicht die Skala von Sorgen über Hemmungen bis hin zu Unsicherheit und lähmender Angst. Auf der positiven Seite lassen wir uns von unseren neuen Wegen durch Großzügigkeit, Gutmütigkeit, falsch verstandenes Mitleid mit anderen und Aufopferung für andere abhalten.

«Ich habe alles für dich getan, den Beruf aufgegeben und war nur zu Hause, um dir eine gute Mutter zu sein, und jetzt das!» Ingrid S. sagt ihrem vierzehnjährigen Sohn

Manfred empört ins Gesicht, was sie davon abgehalten hat, ein ausgefüllteres Leben auch als Mutter zu führen. Manfred: «Das hast du nicht mir zuliebe getan, sondern dir zuliebe!» Obwohl Ingrid S. diese Antwort ihres Sohnes nie vergessen wird, weil sie sie tief verletzt hat, sagt ihr doch eine innere Stimme: «Vielleicht hat er recht. Die Angst, bei der Kindererziehung zu versagen, hat mich angetrieben, alles aufzugeben, meine Hobbys, meine Freunde. Ich wollte unbedingt alles richtig machen und deshalb nur für die Kinder da sein.» Die Aufopferung war hier eine Folge der Angst vor dem Versagen bei der Kindererziehung.

Ängste und Sehnsüchte in Einklang bringen

Die Antriebskraft Angst aber führt uns zu Zielen, die häufig nicht dem entsprechen, was wir wirklich wollen. Daher geht es in diesem Buch auch darum, Ängste und Sehnsüchte miteinander in Einklang zu bringen.

Denken Sie an eine Situation, die Sie gegenwärtig verändern wollen. Schreiben Sie auf, welche negativen und welche positiven Gefühle Sie hindern, Ihre Sehnsüchte wahrzunehmen und genau umzusetzen. Für Karin S. sah diese Übersicht so aus:

Negative Gefühle – Sorgen um die Zukunft, Hemmungen, es dem Chef zu sagen, Unsicherheit dem Traumjob gegenüber; kann sein, daß ich zu alt für die Umschulung bin. Es gibt auch sehr viel EDV im Bibliothekswesen. Das kann ich sowieso nicht. Lähmende Angst, in der Zukunft arbeitslos zu sein.

Positive Gefühle – Obwohl ihr die EDV-Arbeit Schwierigkeiten und wenig Spaß macht, war Karin gutmütig. Sie wollte, angesichts des personellen Engpasses in ihrer Firma, Kollegen und Chef nicht einfach sitzenlassen. Sie handelte aus falsch verstandenem Mitleid mit ihrem Arbeitgeber, der durch ihren Weggang eine schwierige Überbrückungszeit hätte auf sich nehmen müssen.

Karin konnte sich in dem Moment ändern, als die lähmende Angst, in ihrem jetzigen Beruf überrollt zu werden und ihre Arbeit nicht mehr zu schaffen, sie aus der gewohnten Alltagssituation herauskatapultierte. Karin S. wurde nämlich krank. Zu Hause, mit der Distanz zum Alltag im Büro fiel ihr auf: Das Neue war zwar unsicher, aber das Alte wurde auch immer schrecklicher.

Angstbilder in attraktive Zukunftsbilder verwandeln

«Wenn ich nur nicht diese Ängste hätte, ich sehe nur noch schwarz!» So beschreibt Karin S. ihren Berufsalltag. «Wenn ich die großen Aktenberge sehe, die ich wegarbeiten muß, und immer neue Berge sich auftürmen, und die EDV wird immer komplizierter, so sehe ich nur eine graue Zukunft! Soll mir das etwa Spaß machen? Ich habe mir zwar schon vorgenommen, positiv zu denken, mir auch solche Bücher gekauft. Aber ich krieg' das einfach nicht hin.»

Vielleicht geht es manchem von Ihnen genauso wie Karin S. Sie ist sich bewußt, daß das Leben so keinen Spaß macht und so nicht weitergehen kann, ihr fehlen aber die Kraft und vor allen Dingen innere Bilder für die Alternativen.

Innere Erlebnisse bestimmen unsere Gefühle. Sind unsere inneren Erlebnisse grau und eintönig oder stehen vor uns wie eine schwarze Wand, dann fühlen wir uns gelähmt, hilflos. Die Sprache, mit der wir häufig unsere Seelenzustände beschreiben, weist, wie wir heute durch die Gehirnforschung wissen, auf unsere inneren Bilder. Erfahrungsbilder sind es, die sich bei lähmenden und Angst machenden Erfahrungen zu dunklen Wolken zusammenbrauen. Alle äußeren Ereignisse nehmen wir mit unseren Sinnesorganen auf und speichern diese Eindrücke. An solchen abgespeicherten Eindrücken bewerten wir neue Erlebnisse. Daraus leiten wir unbewußt unsere Reaktionen ab: Sind wir vom neuen Erlebnis begeistert und mitgerissen, so daß sich eine Bereitschaft zur Veränderung ergibt? Oder lösen diese neuen Erlebnisse solche Ängste aus, daß wir in der alten Position verharren?

Bilder beschreiben

Wir verteilen unsere Erinnerungen im Raum um uns herum wie in einer Galerie. Jede Erinnerung ist ein Bild, das an einem ganz bestimmten Platz hängt. Wo diese Plätze sind, wie dieses Bild genau aussieht, das bestimmt unser Gefühl. Die Bilder unserer inneren Galerie können wir mit verschiedenen Kriterien charakterisieren: Größe, Farben, Entfernung von der Körpermitte, Positionierung in bezug auf die Körperachse, nach Rahmung, nach Deutlichkeit, nach den vorherrschenden Farben. Besonders Bildgröße, Bildhelligkeit und Entfernung vom Körper bzw. Positionierung von der Körperachse sind Faktoren, die sehr stark mit Gefühlen verbunden sind.

Das Bild, das Karin S. beispielsweise von ihrer erdrückenden Berufssituation vor sich sah, läßt sich wie folgt beschreiben:

Größe:	ca. 50 x 50 cm
Entfernung:	sehr nahe, ganz dicht vor ihr
Farbe:	Schwarzgrau, die Konturen sind unklar, das Bild ist verschwommen, es hat wenig Helles.
Position:	rechts von der Körpermitte

Bilder beschreiben

zum Beispiel:

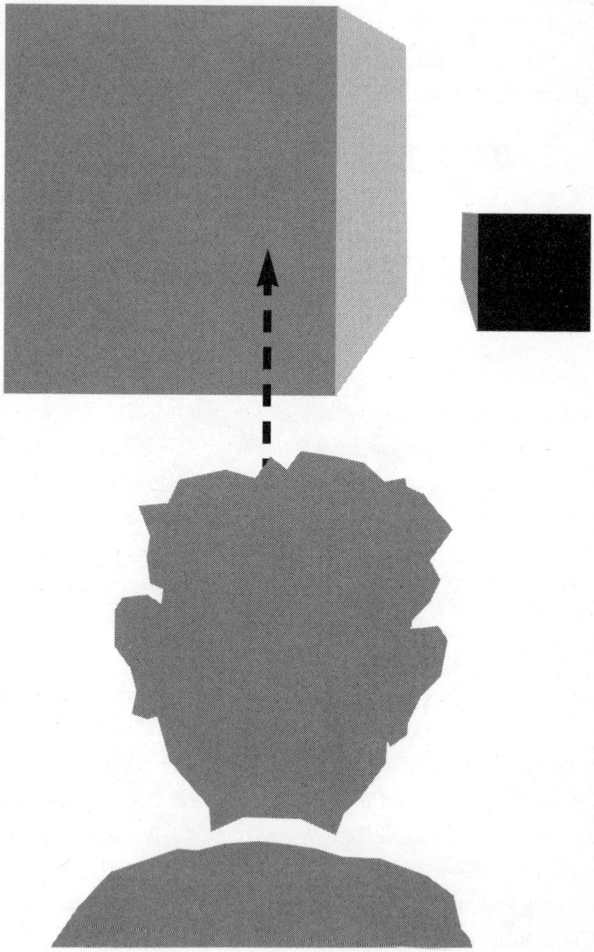

Ein so negatives Bild kann im Gehirn einen starken Adrenalinausstoß auslösen. Dadurch schaltet ein Teil des Großhirns ab. Eine Umkehrung der Gefühle und die Hinwendung zu neuen Wegen ist möglich, indem wir uns neue Bilder einer positiven, rosigen und attraktiven Zukunft machen, die uns zu neuen Wegen ermutigt.
Karin S. fiel es gar nicht schwer, sich ihre inneren Ängste auszumalen und dieses innere Bild auch zu beschreiben. Aus dem Stand heraus war es ihr aber unmöglich, sich bildlich vorzustellen, wie sie in einer Bibliothek sitzt, arbeitet und daran Spaß hat. «Die Ängste und das Risiko des Berufswechsels erdrücken mich genauso wie die Ängste über die steigenden Anforderungen durch die EDV!»

Es gelang ihr allerdings, sich überhaupt an eine positive Entscheidungssituation zu erinnern. Sie beschrieb, wie sie sich zu ihrer ersten USA-Reise entschloß. Alle hatten ihr abgeraten, weil es zu teuer ist, weil sie die Sprache nicht spricht. Diese Einwände hatten sie nicht gestört. Nun konnte sie diesen Entscheidungsmoment wiedererleben als inneres Bild. Sie sah sich, wie sie damals locker auf alle ihre gutmeinenden Freunde einging, die ihr von dieser Reise abrieten.
«Ich sehe mich wieder. Das Bild ist hell und groß, es hat klare Farben. Ich trug damals sehr häufig ein knallgrünes Kostüm. Ich sehe mich in diesem knallgrünen Kostüm im Reisebüro, als ich die Flüge buchte. Ich spüre nach wie vor die Freude von damals, die ich empfand, als ich in eine Bücherei ging und mir ausgefallene Bücher zur Vorbereitung suchte. Meine Vorfreude war riesig, und die Reise selbst wurde wirklich ein Erfolg!»
Wie können wir unsere inneren Angstbilder in attraktive

Zukunftsbilder umändern, und das aus eigener Kraft? Vergegenwärtigen auch Sie eine Situation, in der Sie mit Lust und Freude ein Risiko eingingen und einen neuen Weg beschritten.
Beherzigen Sie: Der Weg zu neuen Zielen ist ein Weg der Freude! Mit Genuß neugierig sein, sich über neue Erlebnisse, über Unerwartetes, über Unbekanntes freuen, mit Lust etwas ausprobieren.

Intuitiv wissen wir, daß es besser ist, sich durch Freude und positive Neugier zu motivieren als durch Angst. Entscheidungen werden kreativer, weil wir aus Freude Energie, Kraft und Antrieb schöpfen. Das wirkt sich auch positiv auf unsere körperliche Verfassung aus.
Wie hängt das zusammen? Versetzen wir uns einige Jahrtausende in der Menschheitsgeschichte zurück, als unsere Vorfahren im Neandertal noch ziemlich viele existentiell bedrohliche Ängste ausstehen mußten: zu verhungern, von wilden Tieren angegriffen zu werden, zu erfrieren. Es gab wahrscheinlich nur wenige Augenblicke, in denen sie sich am Leben freuten, sich sicher und geschützt fühlten. Immer, wenn die frühen Menschen mit ihren fünf Sinnen etwas existentiell Bedrohliches wahrnahmen, mußte das Gehirn blitzschnell schalten. Das Stammhirn programmierte zur Bewältigung solcher Situationen die zwei Fähigkeiten: Flucht oder Angriff. Das sind biologisch vorgegebene, in Urzeiten entstandene Reaktionsmuster, die für uns heute noch bedeutsam sind. Deshalb kennt der älteste Teil des Gehirns nur ein Ziel: das physische Überleben! In Neandertal-Zeiten gab es wirklich nur die beiden Alternativen: durchsetzen und das eigene Leben notfalls mit der

Keule retten oder davonlaufen, wenn der offene Kampf zu riskant war. Da beide Alternativen alle Kraft in Anspruch nahmen, senkte das Stammhirn die anderen Gehirnfunktionen, besonders das kreative Denken, auf ein Minimum und bündelte so die Kraftreserven auf das eine Ziel der Lebenserhaltung. Weil wir diesem Muster, dem sogenannten Neandertaler-Effekt, immer noch folgen, sind kreative Lösungsmöglichkeiten oftmals verstellt – und wir reagieren blind, als seien wir in einer lebensbedrohenden Situation wie in der grauen Vorzeit.

Flucht oder Angriff

Wenn wir tief davon überzeugt sind, jede Bewegung, jede Veränderung bringt nur noch schlimmere Erlebnisse, dann sorgt die Angst dafür, daß wir uns aus diesem Bereich schnell entfernen, die Flucht ergreifen oder sie mit Angriffsmentalität verändern. Dann reagieren wir mit Wut, schlagen drauf und zertrümmern oft sehr viel Porzellan. Unser Großhirn und damit unsere Kreativität läuft in solchen Momenten direkt auf Sparflamme. Wir kommen aus dem Gleichgewicht, nur noch das Stammhirn arbeitet. Der kreative Teil des Gehirns, der neue Lösungen ausdenken könnte, liegt lahm. Auch körperlich merken wir, wie uns die Angst vor Neuem lähmt, wie Unsicherheitsgefühle wachsen, wie die Muskelanspannung steigt, wie der Blick starr wird, wie unser Atem nach oben rutscht und wie wir die Luft anhalten.

Der Sauerstoffmangel im Gehirn sorgt dann dafür, daß weitere Funktionen, die in Angstsituationen nicht notwendig sind, abgeschaltet werden. Vor allem wird das restliche Quentchen Freude, Kreativität und Mut ausgeblendet. Unsere Angst verhindert genau das, was wir eigentlich wollen, nämlich uns neue Wege auszudenken.

Alle Gedanken und geistigen Bilder, die wir in unserem Gehirn speichern, beeinflussen uns bis in die Zellebene hinein. Bilder über unsere Zukunft, über mögliche Entwicklungen und unsere Bilder über die Angst beeinflussen Verhalten, Gewohnheiten, Gefühle. Die Wirkung der Gedanken auf unseren Körper erklärt die Biopsychologie, die sich mit den Neurotransmittern, auch Botenstoffe genannt, befaßt. Diese Botenstoffe stellen die Verbindung her zwischen dem, was wir über unsere Sinneskanäle wahrnehmen, und der Verarbeitung dieser Informationen im Gehirn mit seinen Milliarden Zellen zu Bildern, Tönen/Worten, Gerüchen, Geschmack und Gefühlen.

Wandeln sich die Gedanken, wandeln sich körperliche Empfindungen, und umgekehrt. Wenn Sie wütend sind, ballen Sie die Fäuste. Wenn Sie die Hände einfach öffnen, locker lassen und drehen, spüren Sie diese ursprüngliche Wut viel weniger intensiv. Diese Botenstoffe sind sozusagen der organisch-biochemisch sichtbare Teil unserer Psyche. Auch drücken sich alle Gefühle durch den Körper aus. Wenn unsere Vorfahren im Neandertal mit Flucht und Angriff reagierten, konnten sie den Adrenalinspiegel abbauen. Wir aber sitzen oft fest mit unseren Aggressionen, empfinden die alte Situation als verfahren und sind hoffnungslos, jemals aus dem eingefahrenen Trott herauszukommen. Dementsprechend steigt der Adrenalinspiegel. Ein Teufelskreis, da die körperlichen Schäden um so massiver werden, je größer die Ängste sind.

Wo die Motivation durch Angst gesundheitsschädlich ist, bewirkt Freude das Gegenteil: Glückshormone stärken das Immunsystem. Neugier, Lachen, Überraschung,

all das ist in der rechten Gehirnhälfte gespeichert, die bei Motivation durch Angst ausgeschaltet ist. Ein tschechisches Sprichwort drückt genau aus, worum es geht: «Freude am Leben heißt Freude geben. Wer Freude verschenkt, ist in Wirklichkeit reich.»
Unsere Energie steigt, wenn wir uns innere Bilder von schönen, attraktiven Zielen, von neuen Wegen machen, die uns locken. Wenn ein positiv motivierender Film über das Ziel in unserem Gehirn nicht abgespeichert ist, kann man ihn neu «drehen» und sich hineinversenken, um so zu erleben, wie man etwas in Zukunft erleben möchte. Unterlegen Sie Ihren Film mit ermutigender Musik, mit einer aufmunternden Stimme. Man kennt im NLP solche Bilder, Filme, Worte oder Töne, die unsere unbewußten Kräfte in schwierigen Augenblicken daran erinnern, daß uns größere Freuden als Risiken auf den neuen Wegen erwarten können.

Der Körper als Spiegel unserer Gedanken

«Ach, war das herrlich, dieser Orchideenduft und diese Wärme!» seufzte Herbert K., als er seiner Sekretärin von seiner jüngsten Thailandreise vorschwärmte. Er hob den Kopf, als wolle er dem Orchideenduft und der warmen Luft hinterherschnuppern. «Wissen Sie», fuhr er fort, «diese Farben und diese Landschaft! Und mittendrin, wie ein Nest im Baum, dieses wunderbare Hotel, die lächelnden Menschen mit ihrer gleichbleibenden Freundlichkeit.» Plötzlich setzte er sich ruckartig nach vorn. «So etwas kennen wir hier gar nicht!» schimpfte er. «Hier macht sich kaum jemand die Mühe, auf die Erwartungen der Gäste einzugehen. Von Hilfsbereitschaft und Höflichkeit keine Spur!» Sein Körper beugte sich immer weiter vor und er gestikulierte wild mit den Händen vor dem Oberkörper.

Was war passiert? Wieso war seine Stimmung so schnell umgeschlagen? Bevor wir uns weiter mit dem Beispiel von Herbert K. beschäftigen, wollen wir uns zunächst die Hintergründe dieser typischen Reaktion genauer ansehen. Wir haben bereits erfahren, daß jeder Gedanke eine Entsprechung in der Körperhaltung hat. Denken Sie z. B. an ein schönes Urlaubserlebnis und lassen Sie vor Ihrem inneren Auge noch mal die Urlaubsbilder vorbeiziehen. In welcher Körperhaltung gelingt Ihnen das am besten? Die NLP-Gründer Bandler und Grinder entdeckten in Langzeitbeobachtungen, daß die meisten Menschen sich entspannt zurücklehnen, Schultern und Oberkörper der Rückenlehne anvertrauen, den Kopf etwas anheben, nach Möglichkeit auch anlehnen, um dann positive Bilder der Entspannung sehr präzise zu beschreiben.

Wir wissen, daß mit jeder Körperhaltung eine bestimmte Gehirnregion und entsprechende Signale aus diesem Bereich verbunden sind. Mit NLP können Sie dieses Wissen für Ihre persönlichen Ziele nutzen. Bewegungen im oberen Körperdrittel rufen – bei Rechtshändern bevorzugt in der rechten Hirnhälfte – visuelle Erinnerungen hervor. Das Zurückziehen des Oberkörpers, der Schultern und ein leichtes Anheben des Kopfes führen dazu, daß sehr spontan innere Bilder abgerufen werden können. Vielleicht kennen Sie die Erfahrung, daß Sie in dieser Haltung leichter Zugang zu Ihren visuellen Träumen und Phantasien finden. So ging es auch Herbert K. – bevor der Ärger hochstieg.

Nun ist aber unser Gehirn so veranlagt, daß man nicht gleichzeitig Visionen sehen und intensiv Ärger fühlen kann. Als der Ärger in ihm hochstieg, kamen Oberkörper und Schultern nach vorn, es fehlten nur noch die Hörner, dann wäre der Angriff perfekt gewesen. Wenn Menschen sich stehend ärgern, verstärken sie diese Empfindung häufig noch, indem sie das Becken nach vorn schieben, die Brust einziehen, eine Hand in die Seite stemmen und mit der anderen in Brusthöhe wild herumfuchteln.

Weitere Zusammenhänge sehen wie folgt aus: Die Aktivierung der Körperzone zwischen Brust und Hüfte regt die Hörzentren im Gehirn an. Bewegungen unterhalb der Hüfte auf der rechten Körperseite (rechte Hand und rechter Fuß) spiegeln eher den Zugang zu den eigenen Gefühlen. Bewegungen unterhalb der Hüfte links aktivieren den inneren Dialog. Diese Selbstgespräche verlaufen meistens sehr kritisch: «Ich Idiot! Wo hab' ich nur wieder den Autoschlüssel hingelegt?»

Diese Erkenntnis über den Körper als Spiegel unserer Gedanken macht sich NLP systematisch zunutze. Die NLP-Gründer Bandler und Grinder fragten sich: Kann das, was ohnehin automatisch geschieht, auch bewußt hervorgerufen werden, indem man sich einfach in die jeweilige Körperhaltung begibt? Die Antwort können Sie sich schon denken – es funktioniert! Zu beachten ist eine kleine Ergänzung: Wenn Sie sich nach rechts lehnen, den Kopf nach oben und nach rechts nehmen, werden Sie Zugang zu Ihrer Zukunftsvision, zu Ihren neuen Wegen als Bilder bekommen. Es wird Ihnen in dieser Körperhaltung leichter fallen, innere Bilder zu phantasieren. Verharren Sie jedoch auf der linken Seite mit Ihrer gesamten Körperhaltung, dann fallen Ihnen eher die Sünden Ihrer Vergangenheit ein. Dasselbe gilt übrigens für den Zugang zu Stimmen, Geräuschen und Tönen. Nach links gebeugt hören Sie eher die Stimmen der Vergangenheit – nach rechts Ihre persönliche Zukunftsmusik!

Machen Sie doch folgendes Experiment gleich mit:

Setzen Sie sich in einen bequemen Stuhl, lehnen Sie sich bequem zurück und nehmen Sie den Kopf leicht nach oben. Verlagern Sie nun Ihr Körpergewicht und Ihren Kopf nach links.

Erinnern Sie sich an einen schönen Urlaub und genießen Sie dieses Urlaubserlebnis innerlich mit allen Sinnen.

Verlagern Sie nun das gesamte Körpergewicht auf die

Der Körper als Spiegel unserer Gedanken

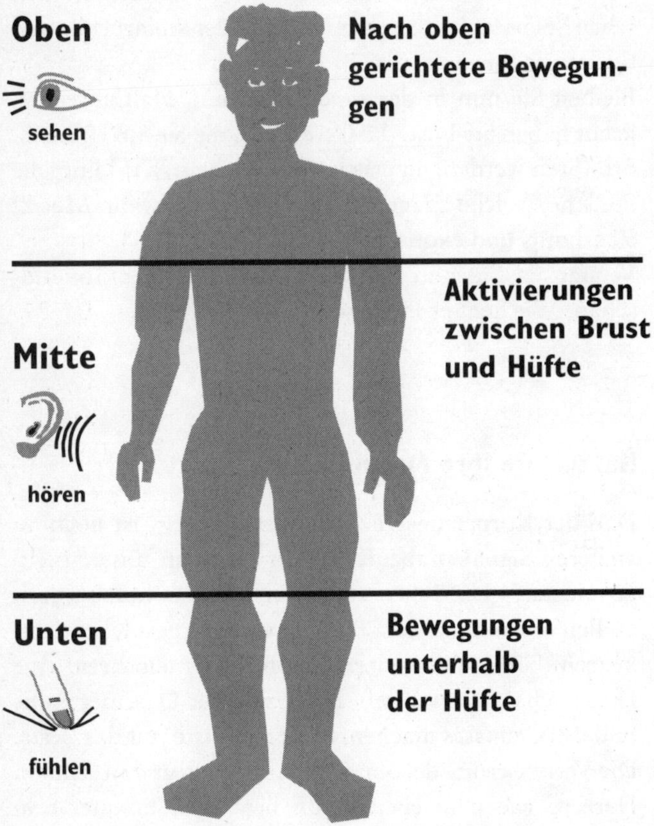

Annahme: Rechtshänder

rechte Seite und stellen Sie sich vor, wo Sie gerne Ihren nächsten Urlaub verbringen werden. Lassen Sie auch hier Bilder entstehen von neuen Wegen, die Sie dort beschreiten werden, von anderen Landschaften, fremden Gesichtern, reizvoll und unbekannt. Was werden Sie dort noch tun? In welchen Situationen können Sie sich sehen? Schmücken Sie auch diese Bilder so farbenprächtig, wie es Ihnen gefällt.
Bleiben Sie nun in der «rechtslastigen» Haltung. Vielleicht haben Sie Lust, die Geräusche, die Sie am Urlaubsort hören werden, innerlich vorzuerleben: Wie klingt die Sprache, welche anderen Töne nehmen Sie wahr, Musik, Rhythmus und exotische Klänge...?
Verstärken Sie nun die guten Gefühle Ihrer Tonbildschau. Wie geht es Ihnen jetzt?

Nutzen Sie Ihre Augenmuster

Daß der Körper unsere Gedanken spiegelt, ist noch an weiteren Signalen abzulesen, vor allem an unseren Augenmustern. Um Ihnen zu zeigen, wie das funktioniert, wollen wir nun zu dem Beispiel von Herbert K. zurückkehren. Für den engagierten Hotelier ist sein Beruf eine Leidenschaft. Er will sein Haus zu einer Oase der Ruhe und des Genusses machen, für seine Gäste nur das Beste. Die Verbesserung der Serviceleistungen liegt ihm sehr am Herzen, wie man eben schon bemerken konnte. Sein Vorbild ist der freundliche Service, für den die Hotels vieler asiatischer Länder berühmt sind. Doch mit dem Ist-Zustand ist er nicht unbedingt zufrieden, und er spürt

den Wunsch nach Veränderungen. Herbert K. war bereit, sich auf ein Experiment einzulassen.
Ein erster Schritt besteht darin, einmal nach links oben zu schauen und Bilder abzurufen, die den gegenwärtigen Zustand zeigen. Es gelang ihm recht gut, sich an Szenen zu erinnern, die symptomatisch für den Umgang seiner Mitarbeiter mit den Gästen und auch für sein eigenes Verhalten waren.
Danach sollte er so nach rechts oben schauen, daß ihm die Haltung angenehm war. Auf einer imaginären Leinwand sollte er ein Bild malen bzw. einen Film abspielen und so Zielvorstellungen für überragenden Service konkretisieren. «Das ist ja wie Zauberei! Ich sehe wirklich Bilder von Situationen, wie ich sie schon manchmal geträumt habe.» Er betont, daß es solche guten Momente im Grunde immer gab, doch nur sehr flüchtig. Als er das sagte, huschten seine Augen kurz nach links oben. Zum ersten Mal stellte sich bei Herbert K. ein konkretes Bild davon ein, wie es ist, wenn alle – seine Gäste und sein Team – mit dem Service zufrieden sind.
Bereitwillig folgte er der nächsten Aufforderung, die Augen auf der Mittelachse nach links wandern zu lassen. Dabei sollte er prüfen, was er hörte: Wie klingen Reklamationsgespräche oder Auseinandersetzungen mit den Mitarbeitern? Wie ist der Tonfall seiner eigenen Stimme in solchen Situationen? Bei Herbert K. stellten sich auch Erinnerungen an die Stimme seiner Frau ein, die ihm auch vom freundlichen Service in Thailand vorschwärmt... Als er nun die Augen auf der Mittelachse nach rechts bewegt, klingt es wie verlockende Zukunftsmusik: glückliche Gäste, zufriedene Mitarbeiter. Gefragt, wie er sich dabei fühlt, wandern seine Augen auch

ohne ausdrückliche Aufforderung nach rechts unten, und er antwortete: «Sehr gut.»

Hier sind wir an einem wichtigen Punkt angelangt: Zur Stimulation unseres Bewußtseins für neue Wege können wir das alte Wissen ausnutzen, daß wir Menschen die Fähigkeit besitzen, in unterschiedlichen Situationen «die Welt mit anderen Augen zu betrachten». NLP nimmt diesen Satz wörtlich! Beobachtungen haben gezeigt, daß jeder Mensch über ganz bestimmte Augenmuster verfügt, um dem Gehirn Informationen darüber zu entlocken, wie die Welt da draußen gerade für ihn/sie aussieht. Wie oft sagt jemand: «Ich sehe es Ihnen an den Augen an, daß Sie noch nicht zufrieden sind!»

Wir können unsere Pupillen in 6 Stellungen bringen: Oben rechts, oben links, Mitte rechts, Mitte links und unten rechts, unten links.

Oberer Bereich der Augen: Wenn sich die Iris überwiegend in diesem Bereich aufhält, geht es um visuelle Informationen. In dieser Augenstellung (oben links oder oben rechts) werden im Gehirn die Speicher mit Bildinformationen angesprochen, um visuelle Eindrücke zu erleben, und zwar innerlich. Die rechte und die linke Seite der Augenstellung haben eine besondere Bedeutung, wobei die Seitenorientierung bei der Bezugsperson selber und nicht bei dem Betrachter ansetzt. Wie gesagt beziehen sich die Aussagen auf einen typischen Rechtshänder. Ein Linkshänder muß diese Augenstellung überprüfen und feststellen, ob er dies nicht seitenverkehrt sieht.

Ausgangsstellungen für Augen-Übungen

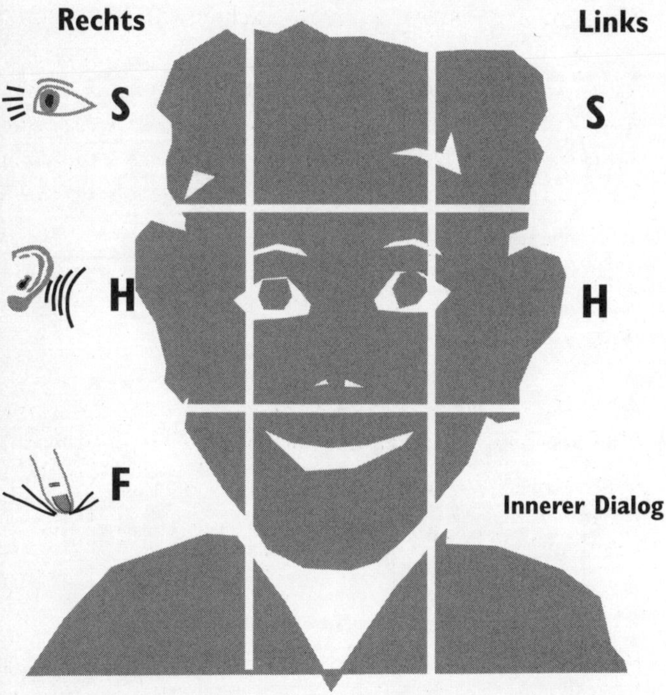

Je nach Augenstellung wird eine bestimmte Sinnesempfindung angesprochen.

(nach Dills, Tools for Dreamers, 1992)

Grundlegende Bewegungsabläufe mit den Augen

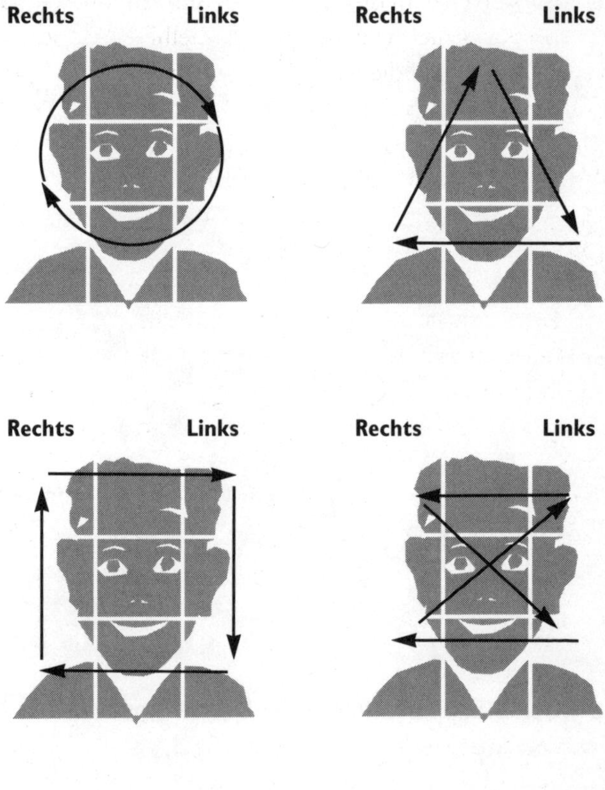

Augen oben links: Bei einem Rechtshänder bedeutet diese Stellung, daß Bilder, die man irgendwann tatsächlich gesehen hat und die in der rechten Gehirnhälfte gespeichert sind, aufgerufen werden.
Augen oben rechts: Hier geht es um Bilder, die man noch nie gesehen hat, also z. B. geplante Zielbilder. Zielklarheit läßt sich also an dieser Augenstellung im oberen Bereich ablesen, auch von außen. Ein Zielbild wird innerlich gesehen, wenn die Augen nach oben rechts gerichtet sind (beim Rechtshänder).

Mittlerer Bereich der Augen: Hier geht es um das Hören.
Augen waagerecht links: gehörte Sätze, gehörte Töne, gehörte Geräusche und Klänge! Welches ist Ihr Lieblingsweihnachtslied? Können Sie es innerlich hören? Sie müßten es besser hören können, wenn Sie die Pupillen der Augen bewußt auf die Mitte links stellen, und Sie werden merken, daß es sogar leichter ist, wenn Sie den Körper auch etwas nach links neigen und etwas gebeugt sind.
Augen Mitte rechts: Konstruierte Töne, Geräusche, Klänge. In dieser Augenpositionierung lassen sich sogenannte Affirmationen, positive, aufmunternde Sätze und Worte, am besten erinnern. Mit diesen aufmunternden Worten kann man sich bei der geplanten Zielerreichung besser unterstützen.
Augen Mitte links: Erinnerungen an Gehörtes lassen sich hier am besten erleben. Vergangene Hörerlebnisse als Stimmen, Klänge, Melodien, Geräusche werden in dieser Augenstellung im Gehirn aufgerufen.

Unterer Bereich der Augen: Während das erste und das zweite Drittel der Augen ganz klar dem Bild und dem Ton zugeordnet sind, ist der untere Bereich verschieden spezialisiert.

Augen unten rechts: Bei einem Rechtshänder heißt das: Im Gehirn werden Gefühlszentren aktiviert. Man erinnert sich in dieser Augenposition besser an gefühlsmäßige Erlebnisse und ruft außerdem noch Geruchs- und Geschmacksinformationen ab. Erinnern Sie sich, wie Sie sich kurz vor dem Aufstehen am Morgen fühlen, wenn Sie noch so wohlig im Bett liegen?

Augen unten links: Hier sind Sie in einem sogenannten inneren Dialog, d. h., Sie hören sich selbst zu oder sprechen mit sich selbst. Da in unserer westlichen Kultur oft die Devise «Eigenlob stinkt» als gute Erziehung gilt, geht es meistens um den kritischen inneren Dialog. Wenn Sie bemerken, daß Sie innerlich Selbstkritik üben, bewegen Sie die Augen einfach einmal in eine andere Augenstellung. Dann werden andere Informationen im Gehirn abgerufen, und problematische Situationen können mit mehr Gelassenheit und Spielraum für Überlegungen anstatt nagender Selbstkritik gelöst werden.

Psycho-Anker für Ihre Ziele

Auch wenn Sie hoch motiviert sind, sich auf etwas Neues einzulassen, wird es passieren, daß Sie auf Hindernisse stoßen oder in Sackgassen geraten. Es lohnt sich, auf diesem Weg zu bleiben, auch wenn es gerade mal nicht vorwärts oder gar ein Stück rückwärts geht. Dann fehlt uns häufig etwas, was wir in anderen Lebenslagen selbstverständlich zur Verfügung haben: die positive (Erinnerungs-)Kraft, die uns stark anspornt und weitermachen läßt.

Im NLP gibt es einen Satz, der sagt: Alle Menschen verfügen schon über alle Ressourcen und Fähigkeiten, die sie brauchen, um die von ihnen angestrebten Veränderungen zu erreichen. Diese Ressourcen und Fähigkeiten liegen in der persönlichen Geschichte eines jeden von uns, wir müssen sie nur wieder reaktivieren. Wir wissen sehr genau, wie wir in Stimmung kommen oder auch wütend werden – und genau dieses Wissen über unsere Gefühle läßt sich auch auf positive Ziele wie Wagemut und Experimentierfreude anwenden.

Dieses Wissen ist in unserem Bewußtsein verankert. Es funktioniert ganz praktisch als Auslösereiz, den man im NLP Anker nennt. Denken Sie z. B. an eine offene, halb ausgequetschte Zahnpastatube. Sie werden entweder lachen oder sich ärgern. Und denken Sie jetzt an eine große Portion Ihrer Lieblingsspeise – vielleicht läuft Ihnen das

Wasser im Munde zusammen, und Sie verdrehen genießerisch die Augen.
NLP fordert dazu auf, dieses Reiz-Reaktions-Muster absichtlich herzustellen, um positive und konstruktive Empfindungen zu aktivieren. Anker können sein: ein geliebtes Musikstück, ein anziehendes Selbstporträt, ein schöner Duft oder ein angenehmer Geschmack. Das bewußte und absichtliche Erinnern eines bestimmten Reizes versetzt uns sofort in eine motivierte Stimmung.

So berichtet die Lehrerin Ulla V., von der wir schon gehört haben: «Immer, wenn es mit meinen Tanz-Plänen nicht so richtig weiterging, hüllte ich mich in eine Wolke meines Lieblingsparfüms, über das ein sehr nahestehender Mensch einmal eine liebevolle Bemerkung gemacht hatte. In diesem Geruch lag die Gewißheit über meine Kraft, mein Selbstbewußtsein und die Zuversicht, die Anforderungen zu bewältigen...»
Welche positiven Anker haben Sie für Ihre neuen Wege? Welche Eigenschaften verknüpfen Sie damit? Gibt es negative Anker, die Sie gern aus Ihrem Leben verbannen wollen?
Durch einen Blick, ein Wort, durch eine Berührung, durch einen bestimmten Duft oder Geschmack erinnern wir uns unbewußt an unsere Fähigkeiten und verhalten uns entsprechend. Diese Reiz-Reaktions-Verbindung ist eine wunderbare Fähigkeit unseres Gehirns, denn wir brauchen vieles nur einmal zu lernen und können es immer wieder, weil uns z. B. der Autoschlüssel ans Autofahren, der Squashschläger ans Squashspielen, die Weihnachtsglocken ans Weihnachtenfeiern, der Geruch von Sonnenöl ans Baden im letzten Urlaub erinnern.

Diese Fähigkeit nennen die Psychologen Konditionieren – was nicht gerade sehr einladend klingt. Der Pawlowsche Hund ist sogar zu einer negativen Symbolfigur geworden. Wer sieht nicht innerlich einen sabbernden Hund vor sich, wenn er Pawlow hört? Die positive Botschaft: Wir verdanken Pawlow mit seinem berühmten Experiment die Unterscheidung von **unkonditionierten** (der Hund sieht das Futter und sondert vermehrt Speichel ab) und **konditionierten** Reflexen (der Hund sondert den Speichel nicht nur ab, wenn er das Futter sieht, sondern bereits, wenn er die Schritte des Wärters hört und ein Klingelzeichen die Fütterungszeit einläutet). Wir sind programmierbar – zum Glück. Wäre das nicht so, müßten wir jeden Morgen unseren Namen lernen, uns erinnern, wie eine Türklinke runtergedrückt wird, jedes Verkehrszeichen neu lernen!

Diese Reiz-Reaktions-Muster sind wie Anker, die uns sehr rasch und zuverlässig in einer Stimmung festhalten. Beim Ankern verbindet sich im Gehirn blitzschnell der Gefühlszustand der erlebten Situation mit einem einprägsamen Reiz. Dieser Reiz kann unsere Sinne über die Augen, die Ohren, den Tast-, Geruchs- oder Geschmackssinn erreichen. Sobald dieser Reiz nochmals auftaucht, wird in unserem Körper dieser Gefühlszustand der damals erlebten Situation wieder wachgerufen. Wir können eine positive Lawine an Gefühlen auslösen oder uns von negativen Gefühlen niederschmettern lassen! Wir erleben durch äußere Reize nur das, was wir in uns durch Anker auslösen. Anker gibt es in zahlreichen unterschiedlichen Ausprägungen. Reiz-Reaktions-Muster können wir mit allen fünf Sinnen in uns auslösen.

Bisher taten Sie es unbewußt, jetzt können Sie es bewußt tun. Schauen Sie sich in Ihrem Auto, in Ihrem Büro, zu Hause um und stellen Sie ganz genau fest, welche Maskottchen, welche Erinnerungsstücke umgeben Sie hier und welche lösen sofort gute Gefühle aus? Machen Sie eine Bilanz. Ist die Summe der von Ihnen gewählten Schlüsselreize positiv? Haben Sie irgendwo noch Ihren alten Teddybären und schaut er Sie ab und zu liebevoll an? Können Sie sich von Ihrer Lieblingsfreizeitjacke nicht trennen, die schon mehrfach an den Ärmeln gestopft wurde? Haben Sie im Auto das Armband, das Sie von Ihrer ersten Auslandsreise mitbrachten und das Sie an den verliebten Frühling im Schatten der Pinien erinnert? Wie steht es mit den negativen Schlüsselreizen, den negativen Ankern? Der Zinnteller vom Kegelclub, die Bleikristallvase Ihres ersten Arbeitgebers zum fünfjährigen Firmenjubiläum, die gestickte Stadtansicht, der zweite Preis im Städtelauf, wo Sie nur um einige Sekunden hinter dem Ersten durchs Ziel gingen...

Begabte Ankerspezialisten wählen für ihre neuen Wege bewußt positive Erinnerungsstücke und befreien sich schnell von negativen Ankerobjekten. Wir finden uns oft mit Mittelmäßigkeiten ab, statt ständig auf die Suche zu gehen nach reizvollen Gegenständen, bei deren Anblick unser Herz lacht, nach Düften, die uns zurückerinnern an die schönsten Momente in unserem Leben, nach Worten, Melodien, Aussprüchen, die uns so richtig beschwingen!

Anker setzen

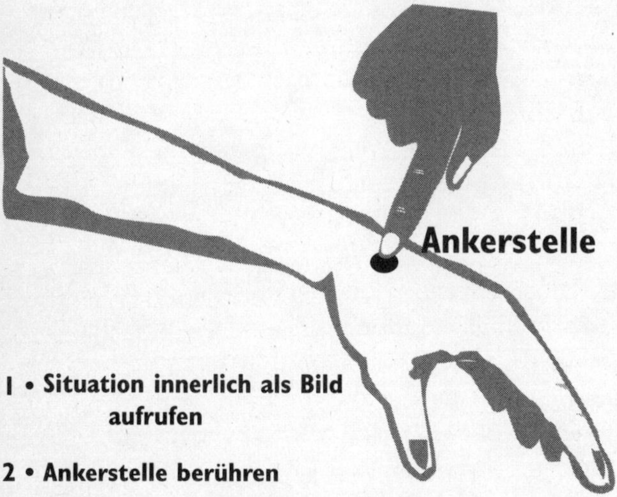

1 • Situation innerlich als Bild aufrufen

2 • Ankerstelle berühren

3 • Test: Ankerstelle wieder berühren. Stellt sich die Erinnerung wieder ein?

Ankern Sie Ihre persönliche Bestform

Auch hier gilt es, die unbewußt vorhandenen Signale des Körpers wiederzuentdecken und zu nutzen. Dabei hilft folgende Übung:
Finden Sie eine neutrale Stelle an Ihrem Körper, die Sie zuverlässig und schnell jederzeit wiederfinden und vor allem berühren können. Prüfen Sie genau, ob diese Berührung bestimmte Gefühle auslöst, dann ist diese Stelle schon «besetzt», wie z. B. Kinn streichen, Ohrläppchen zupfen, mit den Fingern gegeneinander reiben. Suchen Sie weiter und achten Sie darauf, eine Hautstelle zu entdecken, die Sie unauffällig berühren können und die relativ neutral reagiert. Handrücken und Handknöchel z. B. sind gut geeignet.
Wenn Sie Ihre Ankerstelle ausfindig gemacht haben, erinnern Sie sich zurück an eine Situation, in der Sie voller Kraft, in Ihrer Bestform waren, voll Humor, spielerisch, aber auch zielstrebig. Wann war sowohl die analytische Seite als auch die kreative in Ihnen gleichermaßen angesprochen? Erleben Sie diese Situation wieder, so, wie sie damals war. Versetzen Sie sich so zurück, gehen Sie mitten hinein und spüren Sie, wie Sie gesessen, gestanden haben, wie Sie geatmet und sich bewegt, wie Sie geschaut haben. Nun taucht das Bild der Umgebung von damals immer klarer vor Ihrem inneren Auge auf. Hören Sie noch einmal, was immer es damals zu hören gab und genießen Sie Ihre Gefühle so intensiv wie möglich. Berühren Sie jetzt Ihre Ankerstelle. Je intensiver und je stärker Sie weiterhin mit allen Sinnen diese Situation und Ihr Bestformgefühl spüren, desto stärker drücken Sie bitte Ihre Ankerstelle. Lösen Sie die Berührung und lassen

Sie diese Erinnerung wieder abklingen. Jetzt kommen Sie zurück in die Hier- und Jetzt-Situation und ruhen sich einen Augenblick aus.
Vielleicht denken Sie jetzt etwas ganz anderes und lenken sich etwas ab. Nach einer Weile berühren Sie die Stelle bitte noch mal. Es müßte sich das Gefühl wieder einstellen wie damals in Ihrer Bestform-Situation. Wenn Sie feststellen, daß das Gefühl eher schwach ist, dann wiederholen Sie die ersten beiden Schritte. Intensivieren Sie Ihre Erinnerung: Wenn es für Sie eine Hilfe ist, erzählen Sie einem realen oder imaginären Freund, wie sich Ihre Gefühle positiv steigern, und drücken Sie bei dieser Erzählung Ihre Ankerstelle.
Legen Sie für sich selbst den Zeitraum fest, in dem Sie die Wirkung Ihres Ankers das nächste Mal ausprobieren. Sie werden überrascht sein, wie zuverlässig er wirkt.
Welche Arten von Ankern lassen sich besonders gut für neue Wege einsetzen? Wir können zwischen externen und internen Ankern unterscheiden. Externe bzw. äußere Anker werden hervorgerufen durch äußere Signale. Das kann beispielsweise der Gesichtsausdruck oder die Stimme eines Mitmenschen sein. Interne, also innere Anker werden etwa erzeugt, indem man mit sich selbst spricht. Zum Beispiel dann, wenn man eine sehr erfreuliche Begegnung mit Freunden gehabt hat und dieses Ereignis durch ein bestimmtes Wort verinnerlicht.

Übungen für die Psycho-Power

Soforthilfen

In die Gänge kommen!

Es ist Viertel nach sechs, und Sie haben plötzlich und unverschiebbar tierische Lust auf etwas Süßes. In dieser bestimmten Ecke, in der Sie sonst immer etwas für alle Fälle parat haben – nichts, gähnende Leere. Aber ja, Sie schaffen es noch, im Karacho Jacke angezogen und mit klappernden Hacken (Absätzen) zum nächsten Bäcker oder Lebensmittelladen. Und dann, dieses wunderbare Gefühl, wenn die Zähne sich in die ersehnte Süße graben und alle Geschmacksnerven jubilieren... Kosten Sie ihn aus, diesen versüßten, lebensbejahenden Moment, in dem Sie gerade in einem Höchstmaß an vollbrachter Vorwärtsbewegung ein delikates Praliné verspeisen!
Schenken Sie nun mal dem Ablauf in Ihrem Bewegungsapparat Beachtung. Sie werden feststellen, daß die schnelle, vorwärtsstrebende Gangart, die Sie im Run auf etwas Süßes einlegten, besondere Reize und Wirkungen hat.
Schnelle Gedanken, Bilder und Gelüste versetzen uns in ein bewegtes, drängendes Vorwärtsgefühl, hin zu den

neuen ersehnten Zielen. Unsere Gangart beschleunigt sich, der Atem geht schneller, die Durchblutung wird erhöht, rechte und linke Hirnhälfte arbeiten im Einklang. Umgekehrt gilt das ebenso: Eine schnellere Gangart, ein rasches, kraftvolles Aufsetzen der Füße, verbunden mit dem hörbaren Klacken der Absätze, stimulieren neben den oben beschriebenen positiven körperlichen Effekten bestimmte Gehirnzentren und damit Ihre neugierige Bereitschaft für selbstmotivierende Bildfolgen und den nötigen Schwung und Elan für energievolle Handlungen. Sie bewegen sich in einer kraftvollen Gangart, aktiv, aufrecht, voller Stärke und im voranstrebenden Gleichgewicht, getragen vom schnellen Takt Ihrer rhythmisch tönenden Absätze, hellwach und präsent.

Machen Sie folgende Übung gleich nach und prüfen ihre Auswirkungen:

Wählen Sie aus Ihrem Schuhschrank das Paar mit den geräuschvollsten Absätzen. Laufen Sie damit zunächst in einer langsamen, bedächtigen Gehweise und beobachten Sie dabei Ihren Aktivitätsspiegel.

Kommen Sie richtig in die Gänge und beschleunigen Sie nun Ihr Tempo, so daß Ihr Atem schneller wird, Sie den Luftzug spüren, den Sie hinterlassen, und verstärken Sie die Kraft beim forschen Auftreten. Machen Sie Ihre Geschwindigkeit hörbar. Spüren Sie die wachsende, treibende Unruhe? Ab welchem Schrittempo entsteht ein Gefühl von motivierender Power? Welche anderen Körperbewegungen unterstützen Ihr aktives Hiersein, Ihre dynamische Präsenz? Sind es Bewegungen des Beckens, der Arme und Hände, die Straffung der Wirbelsäule oder der Schultern? Wie ist Ihre Mimik? Wie halten Sie Ihren Kopf? Wie wach sind Sie gerade? Erleben Sie die Unterschiede zu Ihrem «Normaltempo», genießen Sie Ihren Schwung und Ihre Lebendigkeit.

Aktives Hiersein

Erlauben Sie Ihrem inneren Temperament, attraktive Bilder sowie anregende und ermunternde Selbstgespräche zu entwickeln.

Während Sie in Fahrt bleiben, treffen Sie rasch und zielsicher die nächste Entscheidung für ihre neuen Wege. Konkret: Was tun Sie noch heute für Ihren neuen Weg? Was genau brauchen Sie dafür? Was ist der allererste beschwingte Schritt?

Tagträumen

Bestimmte Aufmerksamkeitszustände sind sehr hilfreich für die Planung neuer Wege. Im normalen Tagesablauf gibt es insbesondere zwei Zeiträume, in denen man in der Lage ist, innere Bilder zu erkennen, zu bewerten, Prioritäten für diesen oder den kommenden Tag zu setzen.

Einmal handelt es sich um die Phase des Aufwachens am Morgen, die Sie, je nachdem, wieviel Zeit Sie sich gönnen, um erfrischt und klar in den Tag zu gehen, hervorragend als Impulsgeber nutzen können. Ich habe mir inzwischen angewöhnt, meinen Wecker zwanzig Minuten früher zu stellen, um diese Momente gelassener Wachheit und inspirierender bildhafter Vorstellungen optimal auszunutzen. Dann sind es die Augenblicke kurz vor dem Einschlafen, wenn das Tagesgeschehen noch einmal wie ein Film an Ihnen vorbeizieht und Sie, je nach Erschöpfungsgrad, in behaglicher Nachdenklichkeit bei dem einen oder anderen Bild verweilen. Hineingekuschelt in den vertrauten Geruch Ihrer Bettwäsche, ist vielleicht auch Ihr innerer Dialog freundlicher, beratend im Sinne konstruktiver Kritik. In dieser entspannten Stimmung sind Sie fähig, ohne bewußtes Zutun effektive Selbstgespräche zu führen, Ihre Vorhaben zu formulieren und exzellente Gedanken und Ideen innerlich auszusprechen. Im NLP heißt dieser Zustand Alpha-Zustand, Trance, im Alltagsleben auch Tagträumen.

Wäre es nicht phantastisch, diese positiven Gefühle beim Tagträumen auch tagsüber oder in brenzligen Situationen zur Verfügung zu haben? Erkenntnisse aus der Suggestopädie, einer Methode, die den Einfluß unterschiedlicher Faktoren auf die menschlichen Lernprozesse in Trance untersucht, haben bestätigt, daß es gelingt, mit einer bestimmten Art von Musik solche Phasen jederzeit herzustellen. Die sogenannten Alpha-Wellen im Gehirn entsprechen etwa dem Takt eines barocken Musikstückes – ca. 60 Schläge pro Minute. Wenn Sie diese Musik, ein Largo, hören, wird nach kurzer Zeit der Körper über die Steuerzentren im Gehirn diesen Takt aufnehmen, einen Puls von ebenfalls 60 Schlägen pro Minute erzeugen und automatisch für einen langsamen und ausgeglichenen Gehirntakt sorgen. Dieses Tempo aktiviert in optimaler Weise die geistige Aktivität, hier vor allem wieder die rechte, kreative Gehirnhälfte.

Da Sie nicht immer Zugriff zu entsprechenden Musikstücken haben werden, genügt eine einfache, jederzeit durchführbare Übung, um denselben positiven Effekt zu erzielen: Gehen im Alpha-Schritt, d. h.: Verwenden Sie pro Schritt eine Sekunde Zeit. Behalten Sie dieses Tempo, das Sie anfangs ruhig mit dem Sekundenzeiger Ihrer Uhr kontrollieren können, eine Weile bei. Machen Sie

Geh-Takt wandeln

das, bis Sie schließlich darauf eingestellt sind und Ihre Gedanken schweifen lassen können. Dieser Gehtakt ähnelt gemütlichem Schlendern oder, altmodischer gesprochen, dem Wandeln. Nehmen Sie es ruhig wörtlich: Lassen Sie zu, daß Ihre Gedanken, Ihre Stimmung, ja Ihre gesamte Ausstrahlung auf neuen Wegen wandeln. Experimentieren Sie zugleich auch mit Ihren Augenmustern – wenn Sie Ihren Weg schon kennen, den Sie sich zum Wandeln ausgesucht haben, verstärken Sie innere Bilder, indem Sie nach rechts oben schauen. Oder achten Sie auf den Weg, schauen Sie aber eher nach links unten und vergrößern Sie dadurch die Aussagekraft Ihres inneren Dialogs. Tragen Sie einen Walkman bei sich und hören Sie bei Bedarf Ihr Lieblingslargo – wäre das nicht ein neuer möglicher Anker? Finden Sie heraus, was Ihnen guttut und Sie motiviert bei der Umsetzung Ihrer persönlichen Veränderungswünsche.

Die persönliche Motivation stärken

Die Begeisterung ins Bild bringen

«Im Kopf ist mir alles klar. Trotzdem fehlen mir Zeit und Antrieb, wirklich etwas zu tun.» – Ein häufiges Problem, das vielen nur allzu bekannt sein dürfte. Die Frage ist also: Wie setzen wir uns in Bewegung, wie motivieren wir uns? Mit NLP wissen Sie es jetzt genauer: Unsere inneren Bilder, Worte, der innere Dialog, den wir führen, wirken auf unser Hormonsystem und aktivieren genau die Hormone, die uns Antrieb geben, die uns aufmuntern. Mit den Methoden des Neuro-Linguistischen-Programmierens können wir jetzt selbst entscheiden, durch welche Art von Bildern, Tönen und Worten wir uns motivieren.

Probieren Sie folgende Übung:
Denken Sie an etwas, was Ihnen wirklich Spaß gemacht hat, wofür Sie sich wirklich begeistern können, und stellen Sie es sich bildlich vor. Sehen Sie Ihr Begeisterungsbild innerlich ganz genau an und beschreiben Sie es in allen Details: Wie groß ist das Bild? Wie hell? Wie weit ist es von Ihrer Körpermitte entfernt? Wie weit seitlich? Ist es dreidimensional?
Jetzt denken Sie an Ihren neuen Weg, der Sie noch nicht so recht anzieht. Nehmen Sie dieses neue, noch un-

scheinbare Zielbild und stellen Sie fest, wie Ihr Gehirn weiß, was für Sie in diesem Bild noch unbedeutend ist: Die Details des Zielbilds unterscheiden sich in der Regel sehr drastisch von dem alten Begeisterungsbild. Normalerweise ist das neue Bild kleiner, dunkler, weiter entfernt und nicht auf die Körpermitte zentriert.
Vergleichen Sie beide Bilder: Welches sind die wichtigsten Unterschiede: Ist es die Größe, die Helligkeit, die Entfernung? Vielleicht können Sie sogar beide Bilder gleichzeitig sehen. Notieren Sie sich, worin genau die Unterschiede bestehen.
Jetzt finden Sie heraus, welche Veränderungen das Zielbild bedeutender machen. Bringen Sie es zunächst auf die gleiche Größe wie das Begeisterungsbild. Verändern Sie dann die Entfernung und die Helligkeit. In der Regel können Sie feststellen, daß eine dieser drei Bildqualitäten Ihr Gefühl besonders stark und schlagartig beeinflußt.
Bevor Sie nun Ihr Zielbild in allen Einzelheiten dem Begeisterungsbild anpassen, überprüfen Sie innerlich, ob etwas dagegen spricht. Denn wenn Sie ein bisher unbedeutendes Ziel plötzlich so stark aufwerten, daß Sie motiviert sind, es zu verfolgen, so wird sich Ihr Leben verändern. Vielleicht gibt es noch etwas, was Sie vorher erledigen oder zumindest bedenken müssen:
Überprüfen Sie, ob dieses Ziel in Ihr Leben paßt. Stellen Sie sich bildlich vor, wie Ihr Leben aussehen wird, wenn Sie Ihr Ziel erreicht haben. Sehen Sie sich in Ihrer Umwelt, mit Ihren Freunden und Partnern, Ihrer Familie. Wie werden sie Sie ansehen, wie werden sie sprechen, wie werden sich ihre Stimmen anhören? Wie werden Sie selbst sprechen? Sehen Sie alles wie in einem von Ihnen selbst gedrehten Film und fragen sich, ob Sie auf etwas

verzichten müssen, wenn Sie dieses neue Ziel erreichen. Notieren Sie sich drei Aspekte, auf die Sie verzichten müssen, und machen Sie sich ein Bild davon, wie Sie diese Nachteile in Ihr Ziel einbeziehen.

Vera H. machte diese Übung, um festzustellen, wie sie sich abends motivieren kann, wenn sie müde aus dem Büro kommt. Sie war Sachbearbeiterin in einer Versicherung und wollte ganz einfach mehr erleben, als das Abendfernsehen bot.
Sie stellte fest, daß sie früher außerordentlich gern ins Theater ging. Nach einem Umzug aber hatte sie damit aufgehört, weil all ihre neuen Bekannten nicht sehr gern mitgingen. Ihre Lust war weiterhin groß, aber ihre innere Stimme hielt sie meistens zurück: Da bist du ja ganz allein und keiner kommt mit.
Als sie sich ihre früheren Theatererlebnisse innerlich ansah, stellte sie fest, daß die Bilder bewegt, pastellfarben, direkt vor ihren Augen und zentriert dargestellt waren. Sie sah ganz deutlich ihren damaligen Bekanntenkreis, nette Menschen, mit denen Sie sich mindestens einmal im Monat im Theater traf, und ziemlich schnell hörte sie die erwartungsfrohen Stimmen und das Melodiöse in ihrer eigenen Stimme.
Das Bild, das sie sich von den zukünftigen Theatererlebnissen innerlich machen konnte, war sehr klein, sehr dunkel; vor allen Dingen bewegte sich nichts in dem Bild, so daß ihr plötzlich klarwurde, warum ihr eigentlich nie zur passenden Zeit einfiel, überhaupt etwas für dieses Ziel zu tun. Sie paßte jetzt die Größe an, ersetzte die dunklen Farben durch Pastelltöne, genau wie in dem Erinnerungsbild, und brachte Bewegung hinein. Plötz-

Zielbilder

Entferntes Ziel
liegt
im Dunkeln
Ziel
näher rücken
Neues Ziel
in den
Vordergrund
holen

lich mußte sie lächeln: Das Bild wurde so attraktiv, daß sie spontan zum Telefonhörer greifen wollte, um bei der Theaterkasse eine Karte zu bestellen.
Auf die folgende Frage, worauf sie künftig verzichten müsse, verdunkelte sich das neue Theaterbild vor ihrem inneren Auge erneut und sie sagte mit fast versagender Stimme: «Meine Bekannten werden ja nicht mitgehen, dann entfremde ich mich. Ich werde natürlich neue theaterbegeisterte Leute kennenlernen. Doch dann habe ich noch weniger Zeit für meine alten Freunde.»
Das waren gewichtige Nachteile. Als Vera aber die Bilder ihres Bekanntenkreises deutlicher neben ihr Zukunftsbild stellte, erkannte sie, daß es eigentlich nur eine Person war, auf die es ihr ankam. Und plötzlich sah sie eine Lösung: «Helmut hat ja auch Hobbys, vielleicht können wir es so einrichten, daß er an den Abenden, an denen ich ins Theater gehe, seinen Hobbys nachgeht!» Vera machte sich ein Bild, das Schwung hatte und so aussah wie ihr Begeisterungsbild. Sie sah sich in diesem neuen Zielbild mit ihrem Freund Helmut und wie beide ihren eigenen Interessen nachgehen und sich darüber intensiv austauschen. Einige Bedenken hatte sie noch, ob sie nicht lieber ein Hobby auswählen sollte, das sie zusammen pflegen konnten: «Aber Theater machte mir immer so viel Spaß, ich möchte es einfach wieder aufnehmen!» Sie veränderte das Bild noch einmal, bis sie richtig Lust hatte, mit Helmut neu zu überlegen, wie man die unterschiedlichen Freizeitinteressen miteinander vereinbaren kann.
Am stärksten war die Wirkung, als Vera das Bild in die Zukunft hineinmalte. Sie stellte sich vor, daß zehn Jahre vergangen wären. Sie hatte wichtige moderne und klassische Theateraufführungen besucht, und auch ihr

Freund war seinem Hobby nachgegangen. Die attraktive Zukunft, die Vera unwiderstehlich anzog, zeigte ihr bildlich, daß es sich einfach gelohnt hat, vor zehn Jahren endlich das Heft in die Hand zu nehmen und eigene Wünsche zu verwirklichen.

Zwingende Zukunft

Wenn Sie Lust haben, probieren Sie jetzt ebenfalls den zweiten Teil dieser Übung:
Denken Sie an etwas, was Sie in der Zukunft erreichen **wollen** und wovon Sie wissen, daß Sie es erreichen **können**. Machen Sie sich von diesem besonders attraktiven Zukunftsbild eine genaue innere Vorstellung. Wir nennen sie ab jetzt: «zwingende Zukunft».
Sehen Sie sich dagegen Ihr inneres Zielbild an, das noch nicht so attraktiv ist, wie es sein könnte. Verlängern Sie diese Vorstellung auf die nächsten fünf oder zehn Jahre. Wie ändert sich die Szene, wie attraktiv wird dieses Zukunftsbild?
Vergleichen Sie beide Bilder. Wenn es sich um Filme handelt, nehmen Sie zwei ganz wichtige Bilder heraus und halten sie einen Augenblick fest, um sie genau vergleichen zu können. Sehen Sie sich alle Bildeinzelheiten an: Größe, Entfernung, Helligkeit, Farben etc. Wo liegen die größten Unterschiede?
Was würde passieren, wenn Sie Ihr Zukunftsziel, das Ihnen bisher noch nicht so attraktiv erscheint, wirklich erreichen? Worauf müßten Sie verzichten? Wie würde sich Ihr Leben verändern? Welche Nachteile würden sich ergeben?
Verändern Sie das Bild so lange, bis Sie diese Nachteile mit berücksichtigt haben, so daß Sie in Ihrer Zukunftsvision erleben, daß die Nachteile zu verschmerzen oder

sogar zu Vorteilen geworden sind. Stellen Sie nun die größten Unterschiede zwischen den beiden Zukunftsbildern fest und verändern Sie Ihre Zukunftsvision in das Bild der zwingenden Zukunft. Welches Verhalten ergibt sich, wenn Sie beide Bilder einander angleichen?
Machen Sie sich ein Bild vom Hier und Jetzt, sobald Sie diese zwingende Zukunft vor sich sehen. Was ergibt sich daraus für Ihr jetziges Leben? Worin bestehen die ersten Schritte?
Fühlen Sie sich so angezogen von Ihrer Zukunftsvision, daß Sie darauf brennen, heute schon in diese Richtung zu gehen? Dann war die Übung erfolgreich, sonst ändern Sie Ihre Bilder, bis Sie sich unwiderstehlich angezogen fühlen.

Reden Sie sich gut zu!

Völlig unbewußt führen wir vermutlich einen unablässigen inneren Dialog. Dabei sind es vor allem die Stimmqualität, der Rhythmus und die Tonhöhe, mit der wir innerlich unsere Erfolge und Mißerfolge kommentieren, die unseren Körper und unsere Gesundheit beeinflussen. Diese inneren Stimmen können wir ändern.

Denken Sie bitte an eine Situation, in der Sie sich selbst unter Druck gesetzt haben.
Hören Sie innerlich, wie Sie damals mit sich gesprochen haben, als Sie nicht mit sich zufrieden waren.
Wie klingt die Stimme: laut oder leise, hoch oder tief?

Jammernd oder aber schimpfend, emotional oder aber gefühlskalt?
Stellen Sie sich vor, jemand würde Sie von außen mit dieser Stimme ansprechen und Ihnen das sagen, was Sie sich innerlich selbst sagen. Wie ginge es Ihnen dann?
Falls diese Stimme Sie zermürbt, danken Sie ihr trotzdem für ihre wahrscheinlich gute Absicht, Sie zu Ihren unbewußten Zielen zu treiben.
Sagen Sie dieser Stimme auch, daß Sie ihr nicht sehr gut zuhören und schon gar nicht folgen können. Daher bitten Sie sie um Erlaubnis, sie zu ändern. Hören Sie sich innerlich die gute Absicht Ihrer Stimme noch einmal an – und zwar in einer Stimmqualität, die Ihnen besonders gut gefällt. Verleihen Sie der inneren Stimme etwas Lockendes, Melodiöses, Geheimnisvolles.
Jetzt sagen Sie den Satz noch mal mit Ihrer neuen Stimme und spüren Sie, ob es Ihnen bessergeht.
Probieren Sie es so lange, bis die neue Stimme Sie kräftigt und anregt.
Was wir zu uns selbst sagen, ist das, was wir von uns selbst glauben. Überlegen Sie einmal, was folgende Worte in Ihnen auslösen: «Das schaffe ich nie!», «Das packe ich nicht!», «Das geht nicht!»
Solche Äußerungen haben eine vernichtende Wirkung – es sind regelrechte «Killerphrasen». Sie nehmen jeden Mut, kosten sehr viel Energie und lassen ein Ziel negativ erscheinen. Die Angst zu versagen wird immer größer, das Selbstwertgefühl sinkt in den Keller und die Scheu vor dem Risiko verhindert meist, daß man das Ziel überhaupt angeht. Das Ergebnis: Man fühlt sich schlecht und ist wirklich davon überzeugt, unfähig zu sein.
Motivierte Menschen führen ganz andere Selbstge-

spräche: «Ich werde einen Weg finden!», «Ich will mein Bestes tun!», «Das kriegen wir schon hin!» Solche «Erfolgsformeln» erfüllen sie mit positiver Energie, stärken ihr Selbstwertgefühl und aktivieren ungeahnte Kräfte.

Beobachten Sie sich einmal selbst, wenn Sie versuchen, einen Wunsch in Gedanken umzusetzen. Was sagen Sie zu sich? Sind es ermutigende oder negative Glaubenssätze, die Sie um sich herum aufbauen? Viele Gedanken schleichen sich wie Parasiten in unseren Kopf und machen sich dort breit.

Kein Mensch aber muß Sklave seiner Gedanken bleiben. Im Gegenteil: Jeder kann seine Gedanken buchstäblich in die eigenen Hände nehmen. Sprechen Sie sich Mut zu, motivieren Sie sich durch positive Gedanken und trauen Sie sich selbst zu, daß Sie etwas können:

- Werden Sie sich klar darüber, was Sie zu sich selbst sagen.
- Bedenken Sie immer, daß nur **Sie** entscheiden, wie Sie mit sich sprechen.
- Verbieten Sie negativen Gedanken (Parasiten), sich in Ihrem Kopf breitzumachen.
- Tauschen Sie «Killerphrasen» durch «Erfolgsformeln» aus.

Ein Gedankenspiel

Vielleicht hilft Ihnen auch dieses kleine Gedankenspiel: Machen Sie sich ein großes Bild davon, wie Sie ein Fest geben, weil Sie Ihr Ziel erreicht haben. Unterlegen Sie diese Vorstellung mit Musik und lassen Sie sich den Champagner auf der Zunge zergehen. Sagen Sie «Prosit» zu sich selbst.

Orientieren Sie sich positiv!

«Wenn ich allein entscheiden könnte, hätte ich mein Ziel schon lange erreicht! Aber die anderen reden mir immer hinein und machen mir alles madig!» Was uns zu schaffen macht, sind bei allen neuen Gedanken, bei allen neuen Wegen die Kommentare und Reaktionen derer, die diese Wege selbst nicht gehen würden.

Schon als Kind mußten wir oft wie ein Seismograph auf die Erziehung unserer Eltern reagieren und wußten schon damals, wann es gut war zu schweigen und wann man eine Lippe riskieren durfte! Dieses Verhalten setzt sich oft fest, und sehr häufig bewerten wir auch später die Wünsche der anderen sehr viel höher als unsere eigenen. Wir reagieren hochempfindlich auf Klatsch, Provokationen und Kritik, auf die Meinung und Bewertung anderer und überhören dabei unsere eigenen inneren Stimmen. Wir spielen viel zu oft die zweite Geige, übernehmen Statistenaufgaben und stehen nicht zu unseren eigenen inneren Wünschen.

Statt gleich etwas Neues auszuprobieren, kommen uns folgende Sätze über die Lippen: «Das nächste Mal sage ich aber: Nicht mit mir!», «Mein Auto verleihe ich nicht mehr!», «Mein Lieblingskostüm borge ich nicht mehr aus, und Bücher gebe ich sowieso nicht mehr weg!» Leider sind diese guten Vorsätze schon beim nächsten direkten Kontakt wie weggeblasen.

Den Wünschen Geltung verschaffen

Wie kommt es, daß manche Menschen sich sofort ins Bockshorn jagen lassen, wenn ein anderer auch nur die Stirn runzelt, unbequeme Fragen stellt oder einen Vorschlag sogar ohne genaue Kenntnis ablehnt? Wie stark wir auf externe Persönlichkeiten oder auf unsere eigene Persönlichkeit reagieren, läßt sich an unseren inneren Bildern erkennen. Wer sehr davon abhängt, was die Umwelt sagt, hat natürlich wenige Möglichkeiten, sich selbst zuzuhören und seinen eigenen Wünschen Geltung zu verschaffen.

Diese Gehirnstruktur können wir heute erkennen und auch verändern. Manuela S. war in einer schwierigen Situation: Ihre ganze Familie hatte beschlossen, daß sie nach dem Realschulabschluß Kindergärtnerin wird. «Das ist ein ordentlicher Beruf, der bringt auch Spaß, und später wirst du sowieso heiraten, und dann hast du dich schon an Kinder gewöhnt und kannst toll mit ihnen umgehen!» – so ihre Eltern in großer Liebe und tiefer Besorgnis. Manuela hatte andere Wünsche, die sie aber zu Hause nicht mal zu äußern wagte, weil ihre Eltern sie einfach nicht hören wollten und als spinnert abtaten. Schließlich wurde sie Kindergärtnerin, obwohl ihr Lesen und Lernen so viel Spaß bereiteten und ihr Klassenlehrer sie immer wieder ermuntert hatte, doch noch das Abitur zu machen und zu studieren.

Innerlich aber sah sie ihre Mutter, die von diesen Neigungen gar nichts hielt, in einem großen, sehr dunklen Bild. Die Augen der Mutter stachen deutlich hervor und waren starr auf sie gerichtet.

Wenn Sie zu sich selbst sagte: «Ich will weiter lernen, weil ich so viel Spaß daran habe!», dann klang ihre Stimme sehr klein und dünn, und sie hatte nur ein nebulöses Bild von ihrer letzten Besprechung mit ihrem Klassenlehrer vor ihrem inneren Auge. Das Bild war deutlich zur linken Seite gerückt, eher klein und weit entfernt von ihrer Körpermitte. Nachdem sie das herausgefunden hatte, war ihr klar, warum jede Äußerung der Mutter für sie wichtiger war und sie mehr beeinflußte als ihre eigenen Wünsche: «Dieses große Bild meiner Mutter läßt sich ja überhaupt nicht bewegen. Das hat eine so starke Ausstrahlung auf mich, daß ich mich ganz klein fühle, als ob ich jeden Wunsch erfüllen muß.»

Die Persönlichkeits-Übung

Mit der Übung gelang es Manuela S., die eigene innere Stimme immer deutlicher zu hören und die Stimme ihrer Mutter ins rechte Licht an die rechte Stelle zu rücken. Sie konnte zwar immer noch sehr gut hören und sehen, daß ihre Mutter gute Absichten hatte, konnte aber ihre Meinung abwägen und einbeziehen, wann sie selbst es für richtig hielt:
Stellen Sie sich vor, Sie haben eine innere Persönlichkeit, die Ihnen gleich etwas sagen wird. Welches Bild erleben Sie innerlich, wenn sie folgenden Satz sagt: «Du hast ein Recht darauf, glücklich zu sein und dein Leben so zu gestalten, wie du es dir wünschst»? Achten Sie auch darauf, was Sie in den übrigen Sinneskanälen wahrnehmen. Stellen Sie sich vor, jemand, den Sie kennen, sagt Ihnen dasselbe. Was ändert sich, wenn zum Beispiel Ihre Mutter diesen Satz äußert?
Überprüfen Sie die Unterschiede zwischen beiden

Bildern: Achten Sie auf Position, Größe, Helligkeit im visuellen, auf die Stimmen im auditiven und auf die Anspannung im kinästhetischen System.

Denken Sie jetzt daran, neue Wege zu gehen: Worauf werden Sie verzichten, wenn Sie diese neuen Wege eher mit Ihrer eigenen Persönlichkeit als mit anderen Menschen beraten? Worauf werden Sie verzichten, wenn Sie mehr auf sich gestellt sind? Was werden Sie tun, um Ihr Ziel trotzdem zu erreichen?

Bauen Sie eine innere Persönlichkeit auf, die Ihnen gefällt und auf die Sie sich verlassen können. Verwandeln Sie dann das, was die äußere Person sagt, in die Bildqualität der inneren Persönlichkeit: Lassen Sie z. B. das Bild schrumpfen, schieben Sie es weiter weg oder bewegen Sie es nach unten.

Innere - äußere Persönlichkeit

Denken Sie an das nächste Mal, wenn Ihnen wieder eine äußere Person übermächtig erscheint und Sie nicht mehr Ihrer inneren Stimme folgen können. Verwandeln Sie jetzt das Bild der äußeren Person in das eigene Bild.

Denken Sie an jemanden, auf dessen Bitten Sie übermäßig schnell angepaßt reagieren und dabei häufiger die eigenen Bedürfnisse verleugnen.

Erleben Sie eine konkrete Situation innerlich als Bild. Hören Sie, wie gesprochen wurde, und fühlen Sie sich noch mal in diese Situation ein.

Achten Sie darauf, wie Sie diese Person vor Ihrem inneren geistigen Auge sehen. Beschreiben Sie das Bild in allen Details. Ist es groß, ist es nah, vielleicht ein Panoramabild? Wie hört sich die Stimme der Person an? Ist sie melodiös oder eher flach, eher nörgelnd oder flehend?

Erleben Sie innerlich, was passiert, wenn Sie sagen, welchen neuen Weg Sie gehen wollen! Verändern Sie die Bil-

der, Töne und Worte in diejenigen der Person, bei der Sie leicht in eine Opferhaltung geraten.
Jetzt haben Sie eigentlich zwei Bilder: das der externen Person und ein Bild mit Ihren eigenen Wünschen. Beide haben die gleiche Ausprägung. Verändern Sie beide Bilder so lange, bis sie in Ihnen das richtige Gefühl auslösen, so daß Sie mit beiden Informationen gut umgehen können. Der andere und das eigene Ich sind nun im Einklang.
Stellen Sie sich eine Situation vor, in der diese Person wieder in der gleichen Form an Sie herantritt. Was erleben Sie jetzt innerlich? Die Übung war erfolgreich, wenn die innere und die äußere Persönlichkeit wieder gleich stark in Ihren inneren Erlebnissen vertreten sind und Sie beide Positionen abwägen können.

Die Selbstbild-Übung

«Ich habe kein Recht, so zu denken! Ich bin zu selbstsüchtig, wenn ich nur mich selbst sehe!» Wenn Sie solche inneren Stimmen häufiger hören, dann geht es Ihnen vielleicht wie Gisela N. In sehr früher Jugend war ihr angewöhnt worden, eher auf andere zu achten und sich selbst nicht so wichtig zu nehmen. Ein kleines Kind von bis zu acht Jahren verinnerlicht solche Anweisungen und kann später als Erwachsener oft nicht mehr unterscheiden, wann es wichtig ist, sich selbst zurückzustellen, und wann es wichtig ist, auf die eigenen Wünsche zu hören und sie auch durchzufechten.
Voraussetzung für ein solches Unterscheidungsvermögen

ist zunächst, daß die betreffende Person über ein positives Selbstbild verfügt. Mit der nächsten Übung können Sie diesem Ziel einen entscheidenden Schritt näherkommen:

Welches Bild taucht unwillkürlich vor Ihrem inneren Auge auf, wenn Sie an sich selbst denken?
Beschreiben Sie es in allen Einzelheiten: Größe, Helligkeit, Entfernung. Wie hören Sie sich selbst sprechen? Wie würden Sie Ihre Stimme beschreiben: melodiös, flach, rhythmisch, leise, laut?
Manchmal erscheinen sofort mehrere Bilder und Worte oder Tonfolgen: Wählen Sie dann einfach eine aus.
Was steckt in Ihnen? Wer möchten Sie sein und wer sind Sie vielleicht schon heute? Verändern Sie das Bild von Ihrer eigenen Person. Vielleicht machen Sie es größer, farbiger, heller. Verändern Sie die Haltung Ihres Körpers, den Klang und die Lautstärke Ihrer Stimme, bis Ihnen alles wirklich gut gefällt.
Denken Sie nun an Menschen, die Ihnen wichtig sind. Welche Bilder werden die von Ihnen haben? Richten Sie zusätzliche Leinwände und Bildschirme ein und lassen Sie darauf die Vorstellungen, die Bilder der anderen über Sie selbst sichtbar werden. Machen Sie ein Rollenspiel aus dieser Vorstellung und erleben Sie die verschiedenen Ichs aus der Perspektive Ihrer Mitmenschen.
Wie sehen die Fremdbilder im Vergleich zu Ihrem Selbstbild aus? Sind sie sehr viel größer, sehr viel näher? Ist Ihnen das, was die anderen Ihnen als Rollen aufzwingen, sehr viel wichtiger als Ihr eigenes Selbstbild? Wenn ja, dann verändern Sie mit den bekannten Methoden die Fremdbilder und die entsprechenden Kommentare so,

daß Sie ein richtig gutes Gefühl haben. Vielleicht gibt es jetzt eine innere Stimme, die Sie warnt. Was will diese innere Stimme? Worauf verzichten Sie, wenn Sie sich z. B. im Verhältnis zu Ihren Eltern, zu Ihren Freunden, zu Ihrem Partner oder Ihrer Partnerin nicht klein und unterwürfig, sondern gleichberechtigt verhalten? Worauf müssen Sie verzichten, wenn Sie nicht hilfsbedürftig sind, wenn Sie nicht nörgeln und jammern, sondern Ihr Schicksal fest in die Hand nehmen?
Stellen Sie sich mehrere Situationen in der Zukunft vor, in denen Sie dieses veränderte Selbstbild aktivieren. Sehen Sie dazu auch die Fremdbilder an. Überprüfen Sie, wie sich Ihr Verhalten in diesen Situationen verändert. Sind Sie zufrieden?

Die Wertbilanz-Übung

Attraktive Bilder einer neuen Zukunft, positive Worte und Sätze, die dazu passen, motivieren uns. Warum ist das so? Was steht hinter der Motivation? Es sind Erfahrungen, die wir so wertvoll finden, daß wir sie wiederholen wollen. Es sind unsere Werte, für die es sich lohnt, neue Wege zu gehen: Karin S. erkannte mehrere Werte in ihrem Wunsch, lieber in einer Bibliothek als in einem Büro zu arbeiten: Freude an Büchern, Interesse an Neuem, Befriedigung im Beruf. Werte verkörpern das, was uns wichtig ist. Sie werden von Glaubenssätzen und Einstellungen unterstützt. Beides, Glaubenssätze und Werte, erwerben wir durch Erfahrung und durch Nachahmung von Bezugspersonen.

Werte sind die fundamentalen Prinzipien, nach denen wir leben. Gegen sie zu handeln bringt uns aus der Balance, denn sie geben uns Motivation und Richtung. Sie sind die wichtigen Orte, die Hauptstädte auf unserer inneren Landkarte. Werte bringen Positives und Anspornendes mit sich: Erfolg, Spaß, Gesundheit, Begeisterung, Liebe und Lernen. Sie sind maßgebend dafür, warum und für wen wir arbeiten, wen wir heiraten, wie wir unsere Beziehungen gestalten und wo wir leben.

Für Karin S. ist es wertvoll, sich mit Büchern zu beschäftigen; für Vera H. ist Theater wichtig. Neue Wege beschreiten wir dann, wenn wir sie als wertvoller erleben können als die alte Situation. Immer führt unser Unterbewußtsein gewissenhaft Buch über unsere Wertbilanz. Diese innere Wertbilanz macht deutlich, warum wir immer wieder denselben Urlaubsort wählen, an Beziehungen hängen, die uns krank machen, Weihnachten immer zu spät Geschenke einkaufen und uns nicht trauen, über unsere geheimen Wünsche mit unserem Partner zu sprechen.

Unsere Wertbilanz können wir in zwei Richtungen aufmachen. Karin S. hatte z. B. eine typisch negative Wertbilanz. Sie fürchtete sich vor der finanziellen Unsicherheit eines Berufswechsels und verglich unbewußt diese Angst vor der Unsicherheit und die Zukunftssorgen mit der Angst, in ihrem jetzigen Beruf zu versagen. Sie strebte weg von der Unsicherheit ihres neuen Weges und weg von den Mißerfolgen in ihrer alten Berufssituation.

Eine Veränderung hängt in einem solchen Fall von der Intensität der Ängste in beiden Situationen ab. Diese Motivation durch Angst hat, wie beschrieben, große Nachteile. Motivation aus Angst führt uns nicht an unser wirkliches Ziel. Wir landen in irgendeinem neuen Be-

Wertbilanz

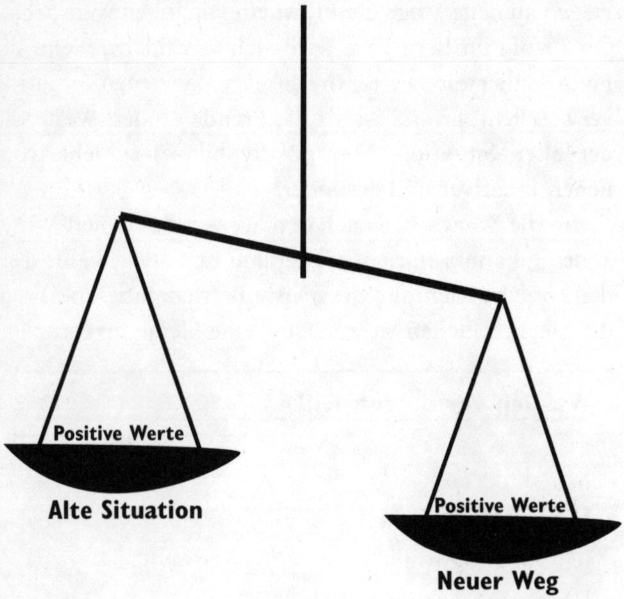

ruf aus Angst vor dem Versagen im alten – auf Ausweichplätzen, auf denen wir uns kurzfristig weniger ängstigen.
Die zweite Wertbeurteilung, und zwar die kreative, gesündere und zielorientierte, ist die positive Wertbilanz. Wenn Karin S. die Mißerfolge im Büro fürchtet und deswegen an neue Wege denkt, ist ein wichtiger Wert für sie der Erfolg im Beruf. Sie wird sich verändern, wenn die Freude über die Werte, die sie in einer neuen Situation verwirklicht, größer ist als die Freude an den Werten in der alten Situation. Wer positiv bilanziert, lebt fröhlicher, kreativer und gesünder.
Wenn die Waagschale sich den Werten des neuen Weges zuneigt, kann zielorientiert geplant und ausgewählt werden, welche Richtung die meiste Befriedigung und Freude, bietet. Machen Sie zunächst eine kleine Inventur:

Was ich vermeiden will

	Ja	Nein
Mir stinkt's!	☐	☐
Mit mir nicht mehr!	☐	☐
Ich bin gelagnweilt!	☐	☐
Ich verdiene zu wenig!	☐	☐
Ich werde zu selten gelobt!	☐	☐
Ich werde ausgenutzt!	☐	☐
______________________	☐	☐
______________________	☐	☐
______________________	☐	☐
Summe	☐	☐

Was ich verstärken will	Ja	Nein
Ich will etwas Neues erleben!	☐	☐
Ich will mich entwickeln!	☐	☐
Ich bin neugierig!	☐	☐
Ich will mich ausprobieren!	☐	☐
Ich habe noch viel vor!	☐	☐
______________________	☐	☐
______________________	☐	☐
______________________	☐	☐
Summe	☐	☐

Warum wollen Sie sich auf einen neuen Weg begeben? Bitte kreuzen Sie die zutreffenden Kommentare auf der Liste (Seite 70/71) an. Errechnen Sie dann die Summe der Kreuze auf jeder Seite: Sind Sie eher positiv oder negativ orientiert?

Die lustvollere Motivation läßt sich lernen, weil wir unsere Werte innerlich sehen können. Die positiven Werte (z. B. Gesundheit) sehen wir anders als die negativen (z. B. Krankheit).

Machen Sie den Test und stellen Sie fest, ob Sie innere Bilder und Sätze erleben, wenn Sie an die folgenden Werte denken (siehe Liste Seite 73, 74).

Nehmen Sie den ersten Wert, sagen Sie ihn innerlich und beobachten Sie, was Sie dabei sehen, hören, fühlen, vielleicht auch riechen und schmecken. Manchmal gehören zu einem Wort Bilder, Szenen und Filme; manchmal sieht ein Wert wie ein gegenständliches Bild aus. Jetzt

nehmen Sie einen anderen Wert und erleben ihn ebenfalls innerlich mit allen Sinnen. Wie sehen Sie die Unterschiede zwischen beiden Werten? Machen Sie sich Notizen, um sich Ihr innerliches Erlebnis, das Sie mit einem Wert verknüpfen, zu verdeutlichen.
Für die Wahl ist interessant, wie wichtig die einzelnen Werte sind. Ist Geld gleich wertvoll wie Freizeit? Jeder von uns nimmt eine unbewußte innere Gewichtung vor, und die läßt sich herausfinden.
In der Regel besitzt jeder Mensch ein eigenes Wertesystem mit festgelegter Rangfolge. Werte, die uns sehr wichtig sind, haben wir immer im Auge; andere übersehen wir oft.
Wenn Werte verletzt werden, dann kippen Bilder. Das setzt außerordentlich viel in unserem Inneren in Bewegung, verursacht tiefe Schmerzen und hinterläßt seelische Narben. Daher ist es wichtig, zunächst festzustellen, wie unser Wertesystem aussieht und welche Rangfolge besteht.
Eine sehr einfache Methode, das eigene Wertesystem kennenzulernen, stammt von C. und S. Andreas aus den USA: Stellen Sie sich eine Situation vor und fragen Sie nach den darin enthaltenen Handlungszusammenhängen. Welche Rangfolge haben Ihre Werte?

Werte von A bis Z

Achtung
Aktivität
Altruismus
Anerkennung
Ausgeglichenheit
Bildung
Charisma
Demokratie
Distanz
Disziplin
Ehre
Ehrlichkeit
Einfluß
Erfolg
Familie
Freiheit
Freude
Freundschaft
Frieden
Gastlichkeit
Gerechtigkeit
Geschmack
Geselligkeit
Gesundheit
Glaube
Gleichheit
Glück
Lebensstil
Gute Laune
Harmonie
Heiterkeit
Herkunft
Höflichkeit
Identität
Individualismus
Kameradschaft
Klugheit
Kompetenz
Kreativität
Lässigkeit
Liebe
Macht
Menschlichkeit
Mitgefühl
Mut
Nachkommen
Nachsicht
Nähe
Objektivität
Offenheit
Ordnung
Persönlichkeit
Pflichtbewußtsein
Phantasie
Pragmatismus
Pünktlichkeit
Rechtmäßigkeit
Redegewandtheit

Reichtum	Umweltschutz
Ruhe	Unabhängigkeit
Ruhm	Verantwortung
Selbstverwirklichung	Vergnügen
Sexualität	Vernunft
Sicherheit	Vertrauen
Sparsamkeit	Wahrheit
Stärke	Wechsel
Tapferkeit	Weisheit
Toleranz	Weitblick
Treue	Zärtlichkeit
Überlegenheit	Zeitlosigkeit
Überzeugung	Zugehörigkeit

Nehmen Sie z. B. an, Sie hätten sich mit ganzem Herzen einer Gruppe angeschlossen. Was müßte eintreten, damit Sie diese Gruppe verlassen? Finden Sie das Kriterium, das Sie bewegen könnte zu gehen. Stürzen Sie sich nicht gleich auf Fragen von Leben und Tod. Denken Sie an etwas, was gerade reichen würde, den Ausschlag zu geben. Als nächstes fragen Sie sich, was eintreten müßte, damit Sie bleiben, selbst wenn das obige Ereignis stattfinden würde. Finden Sie ein Kriterium, das das erste übertreffen würde.

Dann fragen Sie, was eintreten müßte, damit Sie gehen, nachdem die ersten beiden Punkte eingetroffen sind. Finden Sie ein noch wichtigeres Kriterium.

Machen Sie so lange weiter, bis es nicht mehr geht, bis Sie nichts mehr dazu bringen würde zu bleiben – bis Ihr letztes Kriterium gefunden ist.

Die Hierarchie der Kriterien muß ein wesentliches Merkmal besitzen, damit sie motivierend wirken kann: Verbinden Sie die Werte mit positiven Vorstellungen, dann schwinden die Barrieren.
Nehmen wir an, Sie wollten joggen und sich sportlich fit halten. Doch irgendwie schaffen Sie es nicht, die Zeit zu erübrigen und mehrmals in der Woche zu laufen. Wenn Sie jetzt das Joggen mit Spaß und attraktivem Aussehen verbinden, kann es sein, daß dies bereits viel motivierender wirkt. Genauso lösen Sie auch Ihre Wertkonflikte zwischen Arbeit und Freizeit, Neugier und Respekt etc.
Die Rangfolge drückt sich durch die Art Ihrer inneren Erlebnisse aus: Wichtige Kriterien sind möglicherweise durch größere, nähere oder höhere Bilder gekennzeichnet, durch lautere Geräusche oder stärkere Gefühle, die vielleicht in bestimmten Körperteilen lokalisiert sind.
Wenn Sie Ihre eigene Werte-Hierarchie herausfinden wollen, kann Ihnen wieder die Liste auf Seite 73, 74 behilflich sein.

Identifizieren Sie drei Werte, die für Sie die höchste, eine mittlere und die geringste Bedeutung haben. Erleben Sie die Werte innerlich durch bestimmte Ereignisse, die für jeden Wert charakteristisch sind. Es ist möglich, daß Sie Ihre Werte nicht nur in einem Sinneskanal erleben.
Wenn Sie an den höchsten Wert denken: Was sehen Sie innerlich? Was hören Sie? Welches Gefühl haben Sie? Erleben Sie auch den mittleren und den geringsten Wert innerlich in allen Sinnessystemen. Vergleichen Sie all diese Wertvorstellungen und erleben Sie genau, was Sie sehen, hören und fühlen, wenn Sie an die Werte denken.
Woran erkennen Sie, daß sie eine Rangfolge repräsentie-

ren? Woran erkennen Sie, daß ein Wert von großer, der andere von mittlerer und der dritte von geringerer Bedeutung ist? Suchen Sie nach der Dimension, mit der Sie die relative Bedeutung Ihrer Werte darstellen.
Möchten Sie einen Wert verändern und, wenn ja, in welcher Richtung? Finden Sie heraus, welcher Wert wichtiger oder weniger wichtig werden soll, und stellen Sie fest, wo sich dieser Wert in Ihrer Rangfolge befindet.
Stellen Sie sich vor, Sie hätten diesen Wert bereits in der gewünschten Weise modifiziert: Was würde sich in Ihrem Leben ändern? Entstehen Probleme in Ihrem Leben, wenn Sie eine andere Rangfolge einführen? Prüfen Sie diese Frage sehr sorgfältig.
Wo wäre Ihrer Meinung nach die angemessene Position dieses Werts? Wählen Sie einen anderen Wert als Bezugspunkt, um die neue Position herauszufinden. Soll er wichtiger, genauso wichtig oder weniger wichtig als dieser zweite Wert werden?
Jetzt verändern Sie den Wert entsprechend Ihrer Zielsetzung – langsam und vorsichtig. Achten Sie darauf, welche Auswirkungen dieser Wechsel auf andere Werte hat. Wenn Ihnen die Auswirkungen nicht gefallen, verändern Sie die Anordnung so lange, bis Sie ganz zufrieden sind.

Die Versöhnungs-Übung

«Ich stehe mir selbst im Weg, und das weiß ich auch», sagt Bernd G., Kfz-Geselle, manchmal ganz versonnen zu sich selbst. «Ich könnte schon lange meinen Meister haben, wenn ich mich nur aufraffen könnte!» Es kommt

ihm vor, als ob er aus zwei Persönlichkeiten bestünde, einer strebsamen und einer faulen, die nur in Ruhe gelassen werden will. Manchmal hat Bernd G. sogar den Eindruck, es seien mehrere Persönlichkeiten, die alle miteinander um die Vormacht ringen. Am Ende tut er schließlich gar nichts: Er geht weder ins Kino, noch spannt er richtig aus, noch liest er das Buch, das er sich schon lange vorgenommen hatte, und den nächsten Urlaub hat er immer noch nicht geplant. Meistens reicht seine Kraft gerade noch aus, um nach dem Fernsehen rechtzeitig ins Bett zu gehen. Natürlich ist er stocksauer auf sich, daß er sich so gehenläßt. Sein Gefühl, aus mehreren Persönlichkeiten zu bestehen, wird durch die neuere Gehirnforschung bestätigt:
Jeder unserer inneren Werte ist mit bestimmten Hormonen verknüpft, so daß er unsere ganze Persönlichkeit in eine bestimmte Richtung lenken kann. Damit wir unsere vielfältigen Seiten ausleben können, müssen ganz bestimmte Werte – und damit Teilpersönlichkeiten – aktiv werden. Zumeist geschieht dies unbewußt: Wir haben von unseren Eltern gelernt, wann wir uns freuen (den Freude-Teil einschalten), wann wir uns an etwas Neues herantrauen (Mut-Teil einschalten), wann wir auf Nummer Sicher gehen (Sicherheits-Teil einschalten) und wann wir uns etwas ausdenken (Kreativitäts-Teil einschalten). Nur sehr wenige können ihre Teilkräfte gezielt aktivieren.
Jetzt können Sie selbst herausfinden, welche Persönlichkeits-Teile Sie benötigen, um neue Wege zu gehen. Befragen Sie sich selbst und achten Sie darauf, ob Sie auch Bilder und Töne erleben und wie sich dieser Persönlichkeits-Teil anfühlt.

Bernd G. erinnerte sich dabei an eine Situation, in der er den Aufbruch geschafft hatte. Es war eine Trekking-Tour in Nepal. Als leidenschaftlicher Bergwanderer wußte er genau, daß er körperlich fit sein mußte, um die vierzehn Tage in Nepals Bergen genießen zu können. Dreimal in der Woche schaffte er es, sich im Fitneß-Studio darauf vorzubereiten. Er erinnerte sich an den Abend, als er den Entschluß zu dieser Reise faßte. Den Ausschlag hatte die Abbildung in einem Buch über Katmandu in Nepal gegeben: ein Felsmassiv mit Bergsteigern, die diesen Anblick zu genießen schienen.

«Freiheit ist der erste Begriff, der mein Gefühl von damals beschreibt», sagt Bernd G., als er sich überlegt, welchen Wert und welchen Persönlichkeits-Teil dieses Trekking-Bild für ihn verkörpert. «Aber auch andere Teile spielen mit hinein», fährt er fort. «Ich wurde neugierig und wollte wissen, ob ich das schaffe!» Neben dem Neugier-Teil waren auch ein Kreativitäts-Teil, ein Lebensfreude-Teil und ein Sicherheits-Teil beteiligt. «Ich wußte gleich, ich muß mich vorbereiten. Wahrscheinlich hat der Sicherheits-Teil sich eingeschaltet», lacht Bernd G., «vielleicht war es auch mein Vorsichts-Teil, denn ich bin schon einmal ohne Training in den Dolomiten mitgewandert. Ich erinnere mich noch genau, wie müde ich schon morgens vor der nächsten Etappe war.» Es war leicht herauszuhören, daß auch der Angst-Teil an seinen Überlegungen beteiligt war: «Bloß nicht noch mal so fertig sein wie damals in den Dolomiten.»

Bernd G. fand heraus, daß sehr häufig sein Sicherheits-Teil die Oberhand behielt. Die Angst, in eine schwierige Situation zu geraten, machte ihn unschlüssig, und er konnte sich dann zu nichts aufraffen.

Vielleicht haben Sie auch Lust, einmal festzustellen, welche Werte und Persönlichkeits-Anteile Sie schon einmal erfolgreich an ein neues Ziel brachten:
Erinnern Sie sich an eine frühere Situation, in der Sie etwas Neues wollten und es auch in Angriff nahmen. Beispiele: gelungener Wohnungswechsel, Umstieg in einen neuen Beruf, eine weite Urlaubsreise etc.
Rufen Sie innerlich das Erlebnis auf, bei dem Sie genau fühlten: Das will ich, da gehe ich sofort ran!
Sehen Sie sich Ihre inneren Bilder ganz genau an. Wenn es Filme sind, suchen Sie jeweils die Szene heraus, die am deutlichsten mit dem Gefühl «Das will ich» verbunden ist. Was genau sehen und hören Sie? Wie sprechen Sie mit sich selbst und anderen? Wo genau im Körper sitzt das Gefühl: Das will ich?
Wie atmen Sie, wenn Sie dieses Bild sehen und sich innerlich sprechen hören?
Welche Werte erleben Sie in dieser erinnerten Situation? Fragen Sie sich: Warum war dieses Erlebnis wichtig für mich?

Es gibt sehr viele Situationen in unserem Alltagsleben, in denen Werte miteinander in Konflikt geraten. Unsere Teilpersönlichkeiten bekämpfen sich dann buchstäblich, anstatt in einem «Team» zusammenzuarbeiten: Dieser Kampf spielt sich im Kopf ab und äußert sich zum Beispiel in Migräne, Übelkeit, Druck auf der Brust etc. Zwei Seelen wohnen in Ihrer Brust – mindestens.
Um neue Wege zu gehen, muß die Kreativität einen hohen Stellenwert besitzen und mit den anderen Werten in Einklang stehen. Das heißt: Der Kreativitäts-Teil muß aktiviert werden und mit den übrigen ein Team bilden,

um den neuen Weg zu beschreiten. Wir können uns die Persönlichkeit eines Menschen auch vorstellen wie eine große Familie, in der sich die Mitglieder streiten und auch wieder vertragen.

Erfolgsblockaden

Wer sich selbst immer wieder blockiert, aus eingefahrenen Gleisen herauszukommen und neue Wege einzuschlagen, «steht sich selbst im Wege». Auf die Persönlichkeits-Teile bezogen heißt dies: Es gibt einen unbewußten Teil der Persönlichkeit, der für die Erfolgsblockade verantwortlich ist und sie aufrechterhält – z. B. einen Sicherheits-Teil, der immer wieder verhindert, Schwung zu nehmen und etwas im Leben zu ändern.

In der Regel sind wir deprimiert, wenn wir trotz aller guten Vorsätze den «inneren Schweinehund» nicht besiegen! Dennoch hat er einen guten Grund, unseren Erfolg und unseren neuen Weg zu blockieren. Seine Absicht ist positiv, denn jeder Persönlichkeits-Anteil will etwas erreichen – vielleicht nur nicht mit den richtigen Methoden. Wer immer nur kreativ ist und allem Neuen gegenüber aufgeschlossen, würde sich vielleicht um alte Projekte und Freunde nicht mehr genügend bemühen.

Sie können durch Beratung mit Ihren Persönlichkeits-Teilen herausfinden, was Sie blockiert und welche Persönlichkeits-Teile Ihr «Team» braucht, um sich auf einen neuen Weg zu machen.

Das Ziel besteht darin, den Persönlichkeits-Anteil, der für Ihr Zögern verantwortlich ist, zu verstehen. Welche guten Absichten hat er, und was können Sie tun, um seine Bedenken einzubeziehen und zu berücksichtigen?

Denken Sie an einen Wunsch, den Sie sich schon immer erfüllen wollten. Irgend etwas aber hat Sie bis jetzt davon

abgehalten. Welcher Persönlichkeits-Teil blockiert? Fragen Sie, ob es um Sicherheit, Ansehen, Kraft oder ähnliches geht.
Überlegen Sie sich, was passieren würde, wenn Sie den Persönlichkeits-Teil nicht hätten, der Ihren neuen Weg blockiert. Unterstellen Sie ihm eine gute Absicht, die Sie im Augenblick vielleicht noch nicht erkennen. Lassen Sie Ihre Gedanken fließen. Nehmen Sie innerlich wahr, was Sie sehen, was Sie hören, was Sie fühlen, riechen und schmecken, was eine gute Absicht dieses Teils, der den neuen Weg blockiert, sein könnte.
Wenn er Ihnen seine gute Absicht nicht gleich offenbart, fragen Sie weiter und geben Sie sich eine Chance! Wahrscheinlich haben Sie bisher nicht sehr positiv oder gar nicht mit Ihren blockierenden Persönlichkeits-Teilen geredet. Warum sollten die jetzt viel Zutrauen zu Ihnen haben?
Wichtig ist, auf die Sprache des Unbewußten zu achten. Tauchen mehrere Ideen auf? Gibt es Gedanken, innere Stimmen, fällt Ihnen ein Stichwort ein? Spricht ein Persönlichkeits-Teil eher durch ein Körpergefühl zu Ihnen? Oder haben die inneren Signale, ähnlich wie Träume, Symbolcharakter, den man erst auf sich wirken lassen muß, bevor man ihn ganz versteht?
Schauen Sie sich an, welche Werte der blockierende Persönlichkeits-Teil verkörpert. Wenn er das Ausruhen, die Gesundheit, die Balance zwischen Freizeit und Arbeit garantiert, ist es der Ausruh-Teil, der Balance-Teil etc.
Wichtig sind die Versöhnung mit diesem Blockade-Teil und die Anerkennung, daß seine Absicht für die Gesamtpersönlichkeit gut ist.
Machen Sie ein inneres Friedensangebot. Reden Sie

freundlich mit diesem Teil: «Ich will dir gern helfen, deine gute Absicht durchzusetzen. Vielleicht aber mit anderen Methoden!»
Wenn Ihnen gar kein positiver Nutzen dieses Blockade-Teils einfällt, stellen Sie sich nur vor, Sie hätten das Verhalten nicht mehr, das Ihnen bis jetzt Probleme gemacht hat. Was würde sich für Ihr Verhalten insgesamt, für Ihr Leben und Ihre Befindlichkeit ändern? Ganz wichtig ist die Akzeptanz des Blockade-Teils, sich Zeit zu nehmen, um seine gute Absicht herauszubekommen.
Nachdem Sie die positive Absicht des Blockade-Teils gewürdigt haben und sicher sind, wie Sie ihn nennen können und welchen Nutzen er für Sie hat, fragen Sie sich, wie sich seine gute Absicht in Ihr Leben einfügen läßt. Ziehen Sie den Kreativitäts-Teil zu Rate, um Ihrem Blockade-Teil neue Wege vorzuschlagen.

Bei Bernd G. war es der Ausruh-Teil, der ihn immer schläfrig werden ließ, sobald er sich seine Bücher vornahm, um sich auf die Meisterausbildung vorzubereiten. Sein Kreativitäts-Teil schlug ihm zwei Wege vor:
Jeden Tag mindestens zwei Stunden nach der Arbeit zu entspannen und nur jeden zweiten Sonnabendvormittag für die Vorbereitung einzusetzen oder
unbezahlten Urlaub zu nehmen, von seinen Ersparnissen zu leben und die Vorbereitung in einem Stück zu erledigen.
Bernd G. wählte schließlich eine Mischung aus dem ersten und zweiten Vorschlag: zwei Abende in der Woche nach dem zweistündigen Ausruhen und jeden dritten Samstag ganz für die Vorbereitung zur Meisterschule freizuhalten.

Auch Sie können sich mit Ihren Teilen versöhnen und neuen Schwung zur Erfüllung Ihrer Wünsche bekommen:
Danken Sie Ihrem Blockade-Teil, daß er Sie so gut beschützt hat, und bitten Sie ihn um Mithilfe, seine gute Absicht mit anderen Mitteln zu verwirklichen. Achten Sie auf Ihre inneren Bilder, Selbstgespräche und Gefühle, ob Sie sich mit sich selbst versöhnen.
Bitten Sie Ihren Kreativitäts-Teil, Ihnen drei Lösungswege als Bilder, als Worte, als Gefühle, Gerüche und/oder auch Geschmack zu senden, wie Sie die gute Absicht des Blockade-Teils einbeziehen können, wenn Sie Ihren Wunsch in die Tat umsetzen. Danken Sie auch diesem Persönlichkeits-Teil für seine Mithilfe.
Wählen Sie einen der drei Wege aus. Fragen Sie vor allem den Blockade-Teil, ob er einverstanden ist. Wenn Sie innerlich noch Vorbehalte oder ein Ja-aber-Gefühl haben, dann suchen Sie nach dem Persönlichkeits-Teil, der das denkt.
Fragen Sie auch nach seiner Absicht, lassen Sie wieder drei neue Wege suchen, wählen Sie einen aus und stellen Sie fest, ob Sie innerlich voll und ganz hinter der Realisierung des Wunsches stehen.
Danken Sie allen Teilen.

Die Zielbild-Übung

Nachdem Sie sich mit der Situation ausgesöhnt haben, kommt es darauf an, den nächsten Schritt vorzubereiten: Was werden Sie tun, um einen neuen Weg zu gehen?

Matthias C. zum Beispiel hat festgestellt, daß ihn das schlechte Gewissen plagt, weil er die zwei Kilometer zu seinem Arbeitsplatz täglich mit dem Auto fährt. Sein inneres Ziel: In vier Wochen möchte er mit dem Fahrrad zur Arbeit fahren, ohne sich zu ärgern, daß er nicht im bequemen Auto sitzt.

Zunächst notiert er sich auf einer Liste, was nicht passieren soll:

- aus Zeitmangel doch das Auto nehmen;
- andere Ausreden benutzen, um das Fahrrad stehenzulassen;
- völlig erschöpft am Arbeitsplatz ankommen;
- beim geringsten Wetterumschwung den guten Vorsatz über Bord werfen.

In einer Spalte daneben schreibt er seine Traumvorstellungen auf:

- morgens gut gelaunt aufs Fahrrad steigen;
- sich richtig fit fühlen durch diesen «Frühsport»;
- vergnügt an den Blechlawinen vorbeiradeln;
- die Umwelt schonen und Geld sparen.

Schließlich bringt er konkrete Aufgaben zu Papier, die er erfüllen wird, um sein Ziel zu erreichen:

- überprüfen, ob das Fahrrad verkehrssicher und bequem ist;
- noch heute damit anfangen, nach Feierabend einige Runden mit dem Rad zu drehen, um in Form zu kommen;
- für wetterfeste Kleidung sorgen;
- eine geeignete Fahrradroute erkunden;
- die Fahrzeit messen;
- Satteltaschen besorgen und anbringen.

Bevor Sie einen neuen Weg einschlagen, sollten auch Sie diese drei Stufen durchlaufen: Werden Sie sich in der Phase der **kritischen Betrachtung** klar darüber, was auf keinen Fall passieren soll; bestimmen Sie Ihre **Träume** so konkret wie möglich; legen Sie dann die Schritte fest, die Sie unternehmen müssen, um Ihre Zielvorstellung zu **realisieren.** Wenn es Ihnen hilft, notieren Sie Ihre Gedanken auf einer Liste, die Sie nach diesen drei Phasen untergliedern.

Jetzt folgt die Detailplanung: Verwandeln Sie jede Einzelaktivität in ein Feinziel, das das Gehirn verstehen kann. Wichtige Voraussetzung: Formulieren Sie Ihr Ziel positiv, um Ihr Unterbewußtsein zu erreichen.
Würde etwa Matthias C. seinen neuen Weg so beschreiben, daß er **nicht mehr** mit dem Auto zur Arbeit fahren möchte, dann hätte er unweigerlich das Auto vor seinem inneren Auge. Sagt er jedoch umgekehrt, daß er mit dem Fahrrad zur Arbeit fahren will, so erscheint das Auto erst gar nicht in seiner Vorstellung.
Und denken Sie auf allen neuen Wegen an die Harmonie: Das Ziel muß in Harmonie stehen mit Ihren ganz persönlichen Wertvorstellungen. Überlegen Sie stets sehr genau, wie der neue Weg in Ihre gesamte Ziellandschaft paßt.
Eine weitere Bedingung sorgt dafür, daß die unbewußten Kräfte optimal angesprochen werden: Stellen Sie sich Ihr Zielbild mit allen Sinneskanälen gleichzeitig vor – als Bild mit Worten, Sätzen, Tönen, vielleicht mit unterlegter Musik, mit Geruchs- oder Geschmacksqualitäten.
Sehen Sie sich zum Vergleich das Vorhaben von Matthias C. an, künftig mit dem Fahrrad zur Arbeit zu fahren.

Sein positives Ziel: In vier Wochen wird er gut trainiert und gut gelaunt mit dem Fahrrad an den Blechlawinen vorbeisausen.

Es ist aus eigener Kraft erreichbar: Er hat ein Fahrrad; der Weg zur Arbeit ist nicht zu weit; er kann trainieren und hat für schlechtes Wetter geeignete Kleidung.

Es verträgt sich mit anderen Zielen: Er muß morgens nicht sehr viel früher aufstehen; er kommt rechtzeitig zur Arbeit; er kann seine Arbeitsunterlagen in den Satteltaschen mitnehmen; er hält sich körperlich fit.

Die entsprechenden Zielbilder: Matthias C. sieht sich strahlend und topfit auf einem schrillen, bunten Mountainbike; der Fahrtwind weht sein Haar nach hinten; und er überholt die im Stau stehenden Autos.

Geräusche: Die Morgenluft saust um seine Ohren; die Fahrradkette surrt gleichmäßig um die Zahnräder; irgendwo im Hintergrund, weit entfernt, hupen ein paar Autos.

Gefühle: Er spürt eine angenehme Frische an Gesicht und Händen; er fühlt sein Blut durch die Adern pulsieren; er empfindet grenzenlose Energie, im Bauch ein leichtes Kribbeln, als würde er gleich abheben; er atmet tief, aber nicht hastig und fühlt sich frei wie ein Vogel im Wind.

Riechen und Schmecken: Matthias riecht förmlich den Fahrtwind, eine Mischung aus Frische und Benzin; gleichzeitig schmeckt er seinen Pfefferminzkaugummi, den er sich jeden Morgen in den Mund steckt, bevor er das Fahrrad besteigt.

Liste

Bis zum ... möchte ich das Ziel erreicht haben

Was nicht passieren soll (Kritische Betrachtung)	**Traumvorstellung** (Träumen)	**Teilziele** (Realisation)

Die Zukunft aktiv angehen

Matthias C. hat das Ziel mit allen Sinnen greifbar vor sich. Trotzdem bleibt er skeptisch: «Wenn ich bedenke, was da alles vor mir liegt – ich weiß nicht, ob ich das schaffe.» Solche Einwände oder Klagen melden sich gerne, wenn wir bemerken, daß der neue Weg auch steinige und mühsame Passagen beinhaltet. Wer weiß schon, was die Zukunft bringt? Natürlich sind wir keine Hellseher. Dennoch gibt es eine Möglichkeit, Zeit und Raum zu überwinden, indem wir unser persönliches, individuelles Zeitempfinden untersuchen:

Wählen Sie etwas aus Ihrem Verhaltensrepertoire, was Sie schon lange tun und auch in fünf Jahren sicher noch tun werden. Denken Sie intensiv an diese Tätigkeit, vielleicht sagen Sie sich den passenden Satz dazu: In fünf Jahren werde ich sicher noch... tun.
Jetzt kommt der wichtigste Teil dieser kleinen Übung: Machen Sie eine Handbewegung dazu, die das Zukünftige dieser Handlung unterstreicht.
Versetzen Sie sich dann noch einmal zurück: Vor fünf Jahren tat ich... auch schon. Machen Sie wieder eine Handbewegung. Zeigen Sie in unterschiedliche Richtungen? Rechtshänder plazieren zukünftige Ereignisse wie Blumengießen oder Fensterputzen, also leicht voraussagbare Tätigkeiten, gewöhnlich rechts vom Körper; nach denselben Handlungen in der Vergangenheit befragt, denken sie klar nach links.
Entdecken Sie selbst, wie Sie Ihre persönliche Zeit arrangieren: von rechts nach links, von oben nach unten, von vorn nach hinten oder in einer ganz anderen Art?

Wie auch immer Sie es getan haben – es ist Ihre Anordnung, Ihr Zeitverständnis.
Wenn Sie jetzt eine Verbindungslinie zwischen Ihrer Vergangenheit und Ihrer Zukunft ziehen, erhalten Sie Ihren persönlichen Zeitpfad, der Ihrem Lebensweg ähnelt: Ihre Zeit- oder Lebenslinie.

Melanie O. stand kurz davor, für ein langes Wochenende zu einer Fortbildung zu fahren, und hatte noch niemanden gefunden, der ihre beiden Kinder, sieben und zwölf Jahre alt, bei sich aufnehmen würde. Die Exschwiegermutter kam für Melanie nicht in Frage: «Sie jetzt so kurz nach der Scheidung um etwas bitten, das kann ich einfach nicht.» Eine andere Lösung aber bot sich nicht an.
Melanie sollte sich an Situationen in ihrem Leben erinnern, in denen sie erfolgreich und mit einem guten Gefühl eine «kritische» Person um etwas gebeten hatte. Zunächst fiel es ihr schwer, doch dann erinnerte sie sich: «Ja, das gab es tatsächlich. Ich brauchte dringend ein neues Auto und mußte bei der Bank um einen Kredit bitten. Damals habe ich es auch getan, weil es einfach keine andere Lösung gab. Es hat mich zwar Überwindung gekostet, aber im nachhinein war es wirklich das beste, was ich tun konnte!» sagte sie lachend.
Nun ging es darum, den entsprechenden Zeitpunkt auf ihrer persönlichen Zeitlinie – die wir, bildlich gesprochen, auf den Boden gelegt hatten – zu bestimmen und einen passenden Gegenstand dorthin zu legen. Dann legte Melanie die Position «Heute» fest sowie einen Platz neben der Zeitlinie, von dem aus sie alles gut beobachten konnte.

Nun stellte sie sich zunächst auf den «Heute»-Punkt, um dann rückwärts zu dem Zeitpunkt zu gehen, an dem es ihr perfekt gelungen war, um etwas zu bitten.
Dort angekommen, mußte Melanie folgende Frage beantworten: «Wie alt sind Sie jetzt? Was ist typisch an Ihnen? Wie haben Sie sich gerade entschieden, um den Kredit zu bitten? Wie haben Sie ihn bekommen? Wie fühlen Sie sich in dieser Situation? Was hören und sehen Sie? Welches Gefühl ist gerade am stärksten? Können Sie es in einem Satz beschreiben?»
Melanies Antwort: «Ich kann aufrichtig und humorvoll um etwas Wichtiges bitten, und dann bekomme ich es.» Sie war sehr überrascht, als sie sich dies sagen hörte.
Dann mußte sie auf direktem Weg zum «Beobachterplatz» neben der Zeitlinie gehen, um von dort aus anzugeben, was die «damalige» Melanie schon konnte bzw. gelernt hatte: «humorvoll und aufrichtig zu sein; geradeheraus zuzugeben, daß es einem im Moment unter den Nägeln brennt, und das noch so zu formulieren, daß der andere sich freut, wenn er helfen kann.»
Sie hatte dem Bankdirektor damals ihre mißliche Lage so übertrieben ausgemalt, daß beide am Schluß darüber lachen mußten. Und es hatte funktioniert.
Mit diesem Gefühl ging Melanie nun auf ihren «Heute»-Punkt. Sie sollte sich noch einmal vergegenwärtigen, welche positiven Kräfte in dieser soeben wachgerufenen Erinnerung lagen und wie es war, eine ganz bestimmte Person um etwas sehr Wichtiges zu bitten.
Melanie wußte nun, was zu tun war, und formulierte innerlich bereits Sätze, die ihre Exschwiegermutter überzeugen würden, die Kinder aufzunehmen. Sie hatte eine zündende Idee: «Ich werde ihr vorschlagen, zu uns zu

kommen. Dann hat sie ihre aufgeräumte Wohnung am Sonntag nachmittag und auch sonst wenig Aufwand.»
Zum Test, ob sich diese Lösung realisieren ließ, machte Melanie mit all den gerade erfahrenen und wachgerufenen Fähigkeiten einen Schritt in die nahe Zukunft – ein tiefer Atemzug, ein kleines Zittern um die Mundwinkel, bewegt, etwas wiederentdeckt zu haben, was den Erfolg sicherstellt. Mit dieser Erfahrung und aufgrund ihrer neuen Bereitschaft, die Dinge aufrichtig und humorvoll anzugehen, gelang es Melanie, beruhigt in die Fortbildung zu fahren.

Wollen Sie Ihre persönliche Zeitlinie genauer kennenlernen? Dann versuchen Sie zum Schluß diese Übung.
Bestimmen Sie auf Ihrer individuellen Zeitlinie die Orte für: Vergangenheit, Gegenwart und Zukunft.
Vielleicht hilft es Ihnen, wenn Sie mit der linken Hand Ihren Vergangenheitsstrahl in die Hand nehmen, mit der rechten Hand Ihren Zukunftsstrahl und beide Zeitstrahlen auf den Boden legen. Nehmen Sie sich viel Zeit und viel Raum für diese Übung.
Wählen Sie ein kleines Problem aus und beschreiben Sie es möglichst genau.
Sie gehen jetzt aus der Gegenwart heraus und bewegen sich neben Ihrer Zeitlinie zurück in Ihre Kindheit. Gehen Sie ganz langsam und spüren Sie, wie Sie sehen, hören und fühlen, wenn Sie die Ereignisse mit dem Problem in Beziehung setzen.
Wenn Sie ein solches Ereignis erleben, halten Sie jedesmal einen Moment an und fragen sich: Was weiß ich jetzt, was ich vorher nicht wußte? Und: Welche Ressource nutzte mein jüngeres Ich damals?

Sobald Sie für jedes Ereignis die richtige Ressource gefunden haben, hilft es Ihnen vielleicht, wenn Sie das gesamte Problem auf Ihrer Zeitlinie hell beleuchten.

Gehen Sie jetzt, wenn Sie ganz hinten in Ihrer Vergangenheit angelangt sind, auf Ihre Zeitlinie und erleben Sie bewußt, wie mit den Ressourcen jedes hell erleuchtete Problem leicht zu bewältigen ist. Nehmen Sie sich Zeit und ankern Sie jedesmal, wenn Sie einen Problembaustein überschreiten, diesen Moment der Lösung.

Kommen Sie langsam in die Gegenwart zurück, drehen Sie sich in Richtung Vergangenheitsstrahl und schauen Sie sich noch einmal Ihren beleuchteten, jetzt «gesäuberten» Vergangenheitsstrahl an.

Drehen Sie sich nun um, gehen Sie in die Zukunft und betrachten Sie das Anfangsproblem aus der Zukunftsposition. Spüren Sie, wie Sie mit all den gefundenen Ressourcen dieses Problem jetzt lösen können und wie es sein wird, wenn es nicht mehr existiert.

Auf der Zeitlinie wandern

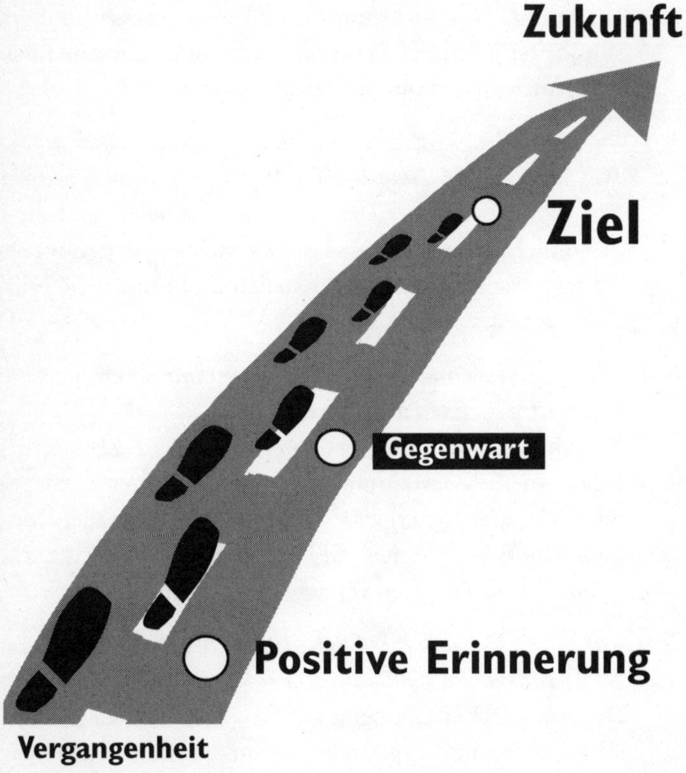

Tips zum Weiterlesen

Beyer, Rhea: BrainLand. Paderborn 1993
Wer daran interessiert ist, zu erfahren, wie man die vielen Anreize und Anregungen der Umwelt besser und gesundheitsfördernder verarbeitet, erhält in diesem Buch viele Anregungen und hilfreiche Übungen.

Dillman, Bruce: Ziel um Ziel. Der äußere und innere Weg zum Erfolg. Paderborn 1992
Wie können Sie bessere Ergebnisse erzielen und Ihre Persönlichkeit festigen, das ist das Anliegen der Autoren, die hierzu viele Übungen vorstellen und praktische Hinweise geben.

James, Tad: Time Coaching – Programmieren Sie Ihre Zukunft ... jetzt! Paderborn 1993
Ein Märchenbuch: Ein Zauberer führt den Leser schrittweise an die Gestaltung einer neuen Zukunft, die es wirklich wert ist, erlebt zu werden. Ein besonders einfaches und praktisches NLP-Buch für alle die, die auf tiefgreifende Theorien verzichten können.

Laborde, Genie, Z.: Die Kommunikationskunst des NLP, Paderborn 1992
Die Autorin hat Übungen zur Bewältigung des Alltagsstresses zusammengestellt, benutzt auch nicht die manchmal schwerfällige NLP-Sprache, sondern findet

eigene eingängige Bilder. Wirklich lesbar zusammengestellt!

Mohl, Alexa: Der Zauberlehrling. Das NLP-Lern-und-Übungsbuch. Paderborn 1992
Eine gute Übersicht aller wichtigen NLP-Übungen, um sich selbst zu motivieren, Ängste zu überwinden und wichtige Ziele zu erreichen.

Dank

Dank schulde ich allen, die am Zustandegekommen dieses Buches beteiligt waren. Maryann und Ed Reese, Richard Bandler, John Grinder und Robert B. Dilts verdanke ich das Wissen und die Fähigkeit, gut drauf zu sein, wenn's wirklich schiefgeht. Kritische Tips und Andwendungsbeispiele verdanke ich vielen Seminarteilnehmern und vor allen Dingen Ingrid Hirsch, Ulla Vogeley und Stefan Carstens. Immer gut drauf bei der Erstellung und Überarbeitung des Manuskripts waren Georg Schober, Ralf Thummerer und Robert Klimke. Vielen Dank!